# CÓ-
# MO
## *leer el*
# APOCALIPSIS

Justo L. González
Catherine Gunsalus González

**Editorial CLIE**
www.clie.es

**EDITORIAL CLIE**
C/ Ferrocarril, 8
08232 Viladecavalls
(Barcelona) ESPAÑA
E-mail: clie@clie.es
**http://www.clie.es**

**CÓMO LEER EL APOCALIPSIS**
ISBN: 978-84-17620-92-9
Depósito legal: B 6188-2021
Estudios bíblicos
Nuevo Testamento
Referencia: 225148

# Acerca de los autores

Justo L. González es autor de docenas de libros sobre historia de la iglesia y teología cristiana. Su *Historia del cristianismo* es un libro de texto estándar en las Américas y en todo el mundo. Justo L. González, profesor jubilado de teología histórica y autor de los muy elogiados tres volúmenes de *Historia del pensamiento cristiano*, asistió al Seminario Unido en Cuba y fue la persona más joven en obtener un doctorado en teología histórica en la Universidad de Yale. Ha enseñado, entre otras instituciones, en el Seminario Evangélico de Puerto Rico, y en la Universidad de Emory, en Atlanta, Georgia. Durante los últimos treinta años se ha enfocado en desarrollar programas para la educación teológica de los hispanos, y ha recibido cuatro doctorados honoris causa. Es fundador de la AETH (Asociación para la Educación Teológica Hispana) para desarrollar el trabajo teológico en español desarrollado por la comunidad académica latina.

Catherine Gunsalus Gonzalez es Profesora Emérita de Historia de la Iglesia en el Seminario Teológico de Columbia en Decatur, Georgia. Tras obtener su doctorado (PhD) en la Universidad de Boston, fue profesora en la Universidad Wesleyana de West Virginia y luego en el Seminario Teológico Presbiteriano de Louisville, en Kentucky. Cuando contrajo nupcias con Justo L. González, en el 1973, se trasladó al Seminario Teológica de Columbia, donde transcurrió el resto de su carrera docente. La historia del culto cristiano ha sido para ella materia de interés particular desde los inicios de sus estudios teológicos. Entre sus muchos escritos sobre el tema, se cuenta el libro *Lecciones de la iglesia antigua para el culto de hoy.*

Los González son ministros ordenados, él en la Iglesia Metodista Unida y ella en la Iglesia Presbiteriana. Han enseñado y dictado conferencias en toda América, en Europa y en Asia. Tienen una hija, dos nietas, y tres bisnietos. Cuando el tiempo y la salud se lo permiten, se dedican a la jardinería.

# ÍNDICE GENERAL

8

# INTRODUCCIÓN

Ningún libro de la Biblia ha sido tan mal interpretado –ni con tanta frecuencia– como el Apocalipsis. Escrito originalmente para dar consuelo y esperanza a sus lectores, para muchos se ha vuelto un libro de temor y desesperación. Escrito para aclarar la perspectiva de unos lectores cuya vida parecía deshacerse, se le lee ahora como un libro triste y confuso que solamente pueden entender quienes tienen alguna llave secreta para descifrar sus misterios. Escrito para ser leído en el culto de iglesias congregadas para adorar, ahora se lee con frecuencia en pequeños conventículos sectarios de tendencias fanáticas. Todo esto ha llevado a la sorprendente paradoja de que ningún otro libro del Nuevo Testamento ha inspirado tantos himnos gozosos como lo ha hecho el Apocalipsis, y que al mismo tiempo ningún otro libro ha llevado a acciones tan destructivas y hasta patológicas como lo ha hecho el Apocalipsis. Esto se debe a muchas razones, como veremos en el curso del presente estudio. Pero al menos dos merecen mención aquí.

En primer lugar, hemos perdido el idioma. Con esto no queremos decir que no nos sea posible traducir lo que el autor dice en su griego un poco particular. El problema no radica en eso. No se nos dificulta entender las palabras ni la gramática, y por tanto tenemos traducciones excelentes. Lo que hemos perdido es el gran número de puntos de referencia que tenían en común Juan de Patmos y sus lectores. Se ha dicho que cada versículo del Apocalipsis incluye al menos una referencia a las Escrituras hebreas –y en algunos casos varias de ellas–. Juan y sus discípulos estaban sumergidos en el Antiguo Testamento y sus imágenes de tal modo que las palabras que empleaban espontáneamente traían a su mente imágenes y conexiones que ahora se nos hace difícil reconocer.

En segundo lugar, hay en el Apocalipsis muchas referencias a condiciones específicas tanto en la geografía como en las circunstancias políticas, económicas y sociales que les eran familiares tanto a Juan como a sus primeros lectores. Aunque cualquier referencia velada o pasajera a tales realidades sería fácilmente entendida por los lectores de entonces, no podemos descubrir esas referencias sino mediante un cuidadoso examen y reconstrucción de las circunstancias de aquellos tiempos. Y aún entonces, cuando mediante la investigación cuidadosa llegamos a entender buena parte de lo que Juan les está diciendo a sus lectores, el hecho mismo de que se nos hace difícil llegar a ese entendimiento nos dificulta leer el Apocalipsis participando de las mismas conexiones emotivas e intelectuales que tendrían para quienes primero lo oyeron leído en voz alta.

Esto se puede ilustrar fácilmente mediante el siguiente ejemplo. Supongamos que alguien que sabe el castellano perfectamente bien, pero no conoce su literatura y la historia de nuestros países, escucha a un orador decir «Recuerde el alma dormida, avive el seso y despierte…; salgamos a la lid lanza en ristre desfaciendo entuertos, tomando en cuenta que toda la vida es sueño, y los sueños, sueños son». Si esa persona no conoce las *Coplas* de Jorge Manrique, ni el *Quijote* de Cervantes, ni *La vida es sueño* de Calderón, no podrá entender lo que se le dice. Ciertamente podrá entender las palabras, pero no su carga emotiva ni las muchas otras ideas que vienen a la mente para quien conoce esas obras. Tal persona ciertamente podría estudiar entonces a Manrique, Cervantes y Calderón para así llegar a entender lo que se quiere decir. Pero aun entonces su experiencia al leer esas palabras no será la misma de aquel que las escucha estando imbuido en la literatura castellana.

Los autores del presente libro somos bien conscientes de esa situación. Nos criamos en dos culturas diferentes, ambos en hogares donde se respiraba un profundo amor por las letras, particularmente la poesía. Cada uno de nosotros puede entender perfectamente el idioma del otro. Pero al mismo tiempo nos duele la experiencia de saber que se nos hace difícil y hasta imposible llegar a apreciar como es debido la poesía y tradiciones de la otra persona. Podemos explicar las palabras, la gramática y las imágenes. Pero así y todo algo se pierde. Es como cuando alguien nos cuenta un chiste y después tiene que explicarlo.

Basándose en todo esto, para entender el Apocalipsis, aunque sea en cierta medida, tenemos que tratar de descubrir y entender las referencias que en él hay a las Escrituras hebreas así como a las circunstancias particulares de aquel momento. Esto es un trabajo difícil que por su propia naturaleza nos dificulta leer el libro como lo deseaba quien lo escribió: en voz alta, como una narración fluida, con imágenes y perspectivas imprevistas. Por esa razón, hoy tenemos que aprender de nuevo a leer el libro no solamente tratando de descifrar cada una de sus palabras y metáforas, sino también en algunas ocasiones de una manera diferente, leyendo grandes porciones de corrido, sin preocuparnos demasiado si aquí o allá aparece alguna frase o imagen que no entendamos. De ese modo recuperaremos algo de la fluidez, el ritmo y la emoción con que debe haberlo escrito el autor y lo escucharían las iglesias a las que iba dirigido.

Por lo tanto, al escribir este libro lo hacemos con la esperanza de que el lector o lectora no permita que los puntos que siempre permanecerán oscuros en su interpretación opaquen

15

la intensa luz del Apocalipsis como un todo. Trate de entender tanto como pueda. Posiblemente se sorprenderá ante lo mucho que comprenderá. Y aquello que no le sea posible entender, ¡sencillamente gócelo! Después de todo, es así que la poesía debe leerse. Como alguien ha dicho, parte del problema está en que nos acercamos al Apocalipsis para diagramarlo como si fuera un tratado teológico y nos encontramos ante un himno que se entiende mejor cantándolo.

El hecho mismo de que nos hayamos descarriado tanto en la interpretación del Apocalipsis dice mucho; pero no tanto acerca del libro mismo, como acerca de nosotros. Parte de lo que acontece es debido a que durante largos siglos las condiciones en que han vivido los cristianos que han interpretado este libro han sido muy diferentes de lo que eran para aquellos cristianos a quienes Juan dirigió su libro. Aquellos cristianos de finales del siglo primero eran principalmente personas marginadas que no tenían modo alguno de progresar en el mundo en el que vivían. Residían en algunas de las ciudades más ricas de un gran imperio y, sin embargo, no participaban del poder de ese imperio, ni tampoco de sus riquezas. Vivían bajo la constante amenaza de persecución. Pero después, según fue pasando el tiempo, el libro ha sido tradicionalmente interpretado por personas para quienes la fe no ha sido cuestión de vida o muerte. Ha sido interpretado desde una postura cómoda en la sociedad en la que vivimos. Nos interesa mucho que esa sociedad progrese y, al tiempo que nos duelen las injusticias que todavía perduran, la mayoría de quienes nos dedicamos a leer e interpretar este libro no sufrimos tales injusticias directamente. Por tanto, un libro que trata acerca del juicio final de Dios sobre el mundo, un libro que busca ser una palabra de consuelo y promesa de salvación para sus lectores originales, frecuentemente viene a parecernos más bien una amenaza o un anuncio desastroso de que mucho de cuanto ahora amamos pasará.

Pero la verdad es que la situación de los cristianos hoy no es tan diferente de la de aquellos cristianos del siglo primero como nos imaginamos. Aunque no tengamos que enfrentarnos a la persecución, sí nos encontramos frecuentemente ante decisiones que por un lado nos llaman a ser fieles y por otro nos llaman a transitar por otro camino que promete éxito en la sociedad. Frecuentemente tenemos que decidir entre la fidelidad y la popularidad. Además, somos parte de una iglesia que se esparce por todo el mundo y que en muchas regiones vive en circunstancias semejantes a las del siglo primero. La injusticia y la idolatría todavía se pasean por nuestra sociedad y sobre la faz de la tierra. Por esas razones, resulta ser una gran bendición el que el Apocalipsis, con sus advertencias aterradoras para quienes prefieren la comodidad y el éxito antes que la fidelidad, sea parte de nuestro Nuevo Testamento. Al estudiarlo, veremos que nos dice mucho más que lo que podamos imaginar.

## *El autor*

Al leer el Apocalipsis vemos que hay cuatro lugares en los que el autor se da a sí mismo el nombre de Juan (1:1, 4, 9; 22:8). No reclama para sí otro título que el de «siervo» de Jesucristo (1:1) y el de ser «vuestro hermano y compañero en la tribulación, en el reino y en la perseverancia de Jesucristo» (1:9). La única autoridad que reclama explícitamente es la de ser «el que oyó y vio estas cosas» (22:8). Muy probablemente en su tiempo lo llamaban «profeta» –título que se le daba a quien le hablaba a la comunidad en el nombre de Dios–, es decir, a quien predicaba (cf. 19:10; 22:9). En todo caso, al leer el libro resulta obvio que Juan debe haber tenido cierta estatura y respeto en las comunidades a las que se dirigía.

17

Tradicionalmente se ha dicho que el autor del Apocalipsis es el mismo que escribió el Cuarto Evangelio, es decir, el Evangelio de Juan. Pero hoy la mayoría de los estudiosos de la Biblia concuerda en que los estilos de estos dos libros y su trasfondo cultural son tan diferentes que no es posible adscribirlos ambos al mismo autor. Mientras que el Cuarto Evangelio emplea un griego que es a la vez popular y pulido, no cabe duda de que quien escribió el Apocalipsis se sentía más a gusto con el arameo –el idioma que se hablaba comúnmente en Palestina y que los judíos de aquel entonces llamaban «hebreo»–.

Como hemos dicho, el autor del Apocalipsis era buen conocedor de las Escrituras hebreas, así como de otras tradiciones judías más recientes. Las imágenes que emplea son semejantes a las del libro de Daniel y de otra literatura judía que circulaba en el siglo primero. Su griego es a veces extraño, como resulta frecuentemente en el caso de quien piensa en un idioma y escribe en otro. Lo que es más, mientras todos los otros autores del Nuevo Testamento al citar el Antiguo Testamento emplean la traducción al griego que circulaba entonces entre los judíos helenistas –comúnmente conocida como la Septuaginta– Juan o bien cita de una traducción completamente diferente o –lo que es más probable– sencillamente va traduciendo al griego pasajes que conoce en hebreo.

Todo esto nos da a entender que Juan era una persona de origen judío –probablemente de Palestina– que había aceptado la fe cristiana. Las tradiciones que le adscriben el Cuarto Evangelio también dicen que era Juan el apóstol, el hijo de Zebedeo. Esto es posible, al menos en teoría, y no hay modo de probarlo en un sentido ni en otro. Si tal es el caso, Juan debería ser muy anciano al escribir este libro. Pero en verdad la pregunta acerca de quién fue el autor del libro tiene pocas consecuencias en cuanto al modo en que se le ha de interpretar.

## Los primeros lectores

Juan nos dice que estaba en la isla de Patmos «por causa de la palabra de Dios y del testimonio de Jesucristo» (1:9), y que fue allí que tuvo una visión y recibió el mandato de escribirla y hacérsela llegar a las siete iglesias de la provincia de Asia (que no era el continente que hoy llamamos así, sino el extremo occidental de Anatolia, lo que hoy es Turquía). Al comentar el texto mismo, aprenderemos más acerca de cada una de esas iglesias. En términos generales podemos dar por sentado que la mayoría de sus lectores serían judíos convertidos al cristianismo, pues de otro modo es difícil ver cómo podrían entender lo que Juan les escribía, tan lleno de referencias a las Escrituras hebreas que solamente quien estuviera profundamente sumergido en la tradición judía podría entenderlo. Al leer el libro veremos también que, al menos en algunos círculos, se debatía quiénes eran los «verdaderos» judíos, es decir, los legítimos herederos de las promesas que Abrahán había recibido.

Aparentemente había algunos desacuerdos entre los cristianos en Asia en cuanto a cómo relacionarse con la sociedad circundante. Unos estaban más dispuestos que otros a hacer concesiones. En una sociedad en que las prácticas religiosas dominaban, como comúnmente sucedía en cualquier sociedad antigua, los cristianos se veían constantemente en la necesidad de decidir hasta qué punto podían o debían hacer concesiones a esa sociedad por razones sociales y económicas, o quizá hasta para salvar su vida. Quien tenía un oficio cualquiera, tendría que decidir si debía unirse al gremio de quienes lo practicaban —o si ya era miembro, si no debía retirarse de él—. Quien no se unía al gremio se vería impedido de practicar su oficio. Quien se unía, tendría que participar de sus ceremonias religiosas, puesto que los gremios de entonces se organizaban en torno al servicio y protección de un dios que les servía de patrono. De manera semejante, quien era esclavo probablemente tendría que enfrentarse a las objeciones del amo no cristiano, quien además exigiría su presencia en sus propios ritos religiosos. Quien era empleado del gobierno también tendría que participar en una serie de ceremonias paganas. Quien era una mujer libre, y en teoría señora de su casa, tendría que acompañar a su esposo pagano en prácticas de adoración inaceptables para los cristianos. Quienquiera que uno fuera, siempre tendría que enfrentarse a presiones semejantes.

En algunas de las iglesias a las que Juan envió el Apocalipsis, había quienes pensaban que debían ajustarse en tales cosas a la sociedad circundante. Otros que pensaban diferentemente tenían que pagar un alto precio –como posiblemente le sucedió a Antipas en Pérgamo (2:13)–. El propio Juan se contaba entre quienes no estaban dispuestos a aceptar componenda alguna, puesto que estaba convencido de que los cristianos no debían tener trato con la idolatría. Por tanto, parte del propósito de su libro es fortalecer y alentar a quienes están sufriendo por razón de su fidelidad a Cristo y al mismo tiempo reprender y llamar al arrepentimiento a quienes han enflaquecido en su obediencia.

Tradicionalmente se ha pensado que cuando el Apocalipsis fue escrito los cristianos sufrían bajo la persecución severa del emperador Domiciano, frecuentemente descrito como un megalomaníaco que no podía aceptar el que los cristianos y los judíos se negaran a adorarle como a un dios. Hoy hay dudas entre los historiadores acerca de si este cuadro de Domiciano, que nos ha llegado mayormente a través de sus enemigos y de los defensores de la dinastía que le sucedió, es fidedigno. Probablemente lo cierto sea que Juan no escribió el Apocalipsis en tiempos de una persecución severa, sino en condiciones más complejas.

Aparentemente no se trataba de una persecución general contra los cristianos, sino de los conflictos que necesariamente surgirían por una parte entre los cristianos en su generalidad y la sociedad, y por otra entre cristianos que no concordaban entre sí en cuanto a sus relaciones con la sociedad circundante. Entre estos cristianos, quienes insistían en permanecer fieles en todo eran objeto de la ira del gobierno, que no podía entender tal intransigencia. Desde la perspectiva del gobierno y de buena parte de la sociedad, estos cristianos eran personajes subversivos cuya conducta antisocial debía ser castigada. En cuanto al propio Juan, estaba convencido de que su llamada a una fidelidad más firme por parte de la iglesia y de los creyentes llevaría a mayores dificultades.

Varias de las iglesias a las que Juan dirigió su libro habían sido fundadas décadas antes. Algunos de sus miembros serían cristianos de segunda y hasta de tercera generación. El fervor inicial comenzaba a retroceder, y cada vez parecía más atractiva la posibilidad de llegar a algún arreglo con la sociedad circundante. ¿Debían los cristianos permanecer por siempre al margen de la vida económica, cuando todo lo que tendrían que hacer para evitarlo sería unirse a un gremio y participar en su culto? ¿No podrían quienes tenían algún cargo en el gobierno ceder y practicar un cristianismo más flexible? No es difícil imaginar el debate que tendría lugar en esas iglesias, el dolor y la desilusión de algunos cuando un hermano o hermana cedía ante la idolatría, y el gozo de otros cuando alguien, tras hacer alguna aparentemente ligera concesión, podía adelantar en la escala social y económica.

## *El libro de Apocalipsis*

Juan se contaba entre quienes estaban convencidos de que ceder en tales cuestiones era caer en idolatría. Según una tradición que nos ha llegado, Juan estaba en Patmos porque había sido exiliado por razón de su fe. Sus propias palabras pueden entenderse en este sentido: «Yo, Juan, vuestro hermano y compañero en la tribulación, en el reino y en la perseverancia de Jesucristo, estaba en la isla llamada Patmos» (1:9). No cabe duda de que su libro toma el partido de quienes pensaban que toda concesión a las prácticas paganas era condenable, y que por tanto era necesario llamar a los fieles a una estricta perseverancia en la fe.

La primera palabra de todo el libro es «Apocalipsis» –que quería decir «revelación»–. Esa palabra ha venido a ser no solamente el título de este libro en particular, sino también el nombre que se le da a todo un género de literatura que se había vuelto común en los círculos judíos unos pocos siglos antes del advenimiento de la fe cristiana. Los cristianos adoptaron este género para alguna de su propia literatura. El primer caso, y el que le dio nombre a todo el género apocalíptico, fue el Apocalipsis de Juan. En general, la literatura apocalíptica se enfrenta a la cuestión del sufrimiento de los justos en manos de los injustos, y lo hace empleando un lenguaje altamente simbólico que combina un frecuente uso de la metáfora con números que reciben significados misteriosos. Puesto que esa literatura iba generalmente dirigida a los creyentes, su lenguaje frecuentemente era casi ininteligible para quienes no participaban de la misma fe. En toda la literatura apocalíptica las visiones y sus explicaciones tienen un papel importante. Su principal propósito es mostrar por qué los justos sufren, así como reafirmar la victoria final de Dios y de su pueblo.

Todo esto es también cierto del Apocalipsis de Juan. Pero el Apocalipsis tiene también otras características que le separan de toda esa otra literatura que hoy llamamos apocalíptica. La más notable es que, mientras toda la otra literatura apocalíptica es o bien anónima o pseudónima y coloca los acontecimientos que narra en tiempos y locales ficticios, frecuentemente en un pasado distante (de lo cual la otra excepción importante es el *Pastor* de Hermas, escrito a mediados del siglo segundo), el Apocalipsis de Juan claramente declara quién es su autor y dónde está al momento de escribir. En este sentido, el Apocalipsis se parece más a los libros de los antiguos profetas tales como Isaías, Jeremías, Ezequiel y otros, quienes también tuvieron visiones y hablaron en imágenes y metáforas, pero cuyas palabras se relacionaban clara y directamente con el contexto en que cada uno de ellos vivía. Y, lo que es más importante, el libro de Juan difiere de la mayoría de la literatura apostólica en que también tiene ciertas características del género epistolar. Empieza con un saludo semejante al de otras cartas de la misma época, incluye siete cartas a siete iglesias específicas, y concluye como en aquella época se cerraba una epístola.

Otras características importantes del libro de Juan que no aparecen en la mayoría de las otras obras apocalípticas son sus referencias constantes al culto que tiene lugar en el cielo, así como su uso frecuente de pasajes himnódicos. A través de los muchos himnos que se han inspirado en él, el Apocalipsis ha dejado un sello profundo en el culto cristiano, aun cuando el libro mismo no dice una palabra acerca del modo en que se ha de adorar, como sí lo hacen, por ejemplo, algunas de las epístolas de Pablo. También en esto el Apocalipsis se diferencia del resto de la literatura apocalíptica.

En resumen, mientras el Apocalipsis le ha dado su nombre a todo el género apocalíptico, el libro mismo es diferente de toda otra literatura apocalíptica que se haya conservado. Esto llega a tal punto que algunos declaran que el Apocalipsis de Juan no es apocalíptico en el sentido estricto. El Diccionario de la Real Academia Española define la palabra «apocalíptico» de varias maneras. Una de ellas es «terrorífico, espantoso». «Dícese de lo que amenaza o implica exterminio o devastación». En este sentido, el Apocalipsis nos parece «apocalíptico» porque estamos de tal manera involucrados en nuestra sociedad y su orden, que su destrucción nos parece una gran catástrofe. Muy diferente sería la situación para los primeros lectores del Apocalipsis.

Los eruditos han sugerido varias teorías en cuanto a la estructura y composición del libro. Algunos afirman que no todo él fue escrito por Juan –y algunos hasta que era originalmente un libro judío en el cual se han intercalado porciones cristianas–. Algunos han propuesto que el libro viene del círculo de los discípulos de Juan el Bautista, y que lo único que hay de cristiano en él son los primeros capítulos y algunas interpolaciones breves. Tales teorías no han sido generalmente aceptadas, y la mayoría de los eruditos están convencidos de que el libro fue escrito originalmente como una sola pieza, aunque no cabe duda de que se nutre de otras fuentes y de experiencias del autor en su propia vida.

En todo caso, esos debates no son importantes para nuestros propósitos. Lo que nos importa aquí es que este libro, haya sido escrito por quien haya sido, fue Palabra de Dios para sus primeros lectores cristianos. Aquellos lectores a su vez lo conservaron y se lo pasaron a otras generaciones que también escucharon en él la Palabra de Dios y por tanto lo incluyeron en el canon (la lista de libros) del Nuevo Testamento. Y –lo que es más importante todavía– también hoy encontraremos en él Palabra de Dios para nuestros días.

## *La fecha*

Ireneo, un cristiano que se había criado en la iglesia de Esmirna (una de las siete iglesias a las que se dirige el Apocalipsis), y que escribió casi un siglo después, declara que Juan escribió el Apocalipsis «cuando se aproximaba el final del reinado de Domiciano». Puesto que Domiciano reinó del año 81 al 96, esto nos llevaría a pensar que el Apocalipsis fue escrito alrededor del año 95, lo cual es también la fecha que tradicionalmente se le ha asignado. Los escritores de ese tiempo nos pintan a Domiciano como un perseguidor cruel e irracional, lo que nos lleva a pensar que fue en medio de esa persecución cuando Juan escribió el libro.

La reevaluación del reinado de Domiciano que ya hemos mencionado, y la probabilidad de que la persecución durante ese reinado no haya sido tan fiera como antes pensamos, lleva a algunos eruditos a sugerir que el Apocalipsis fue escrito mucho antes –tan temprano como durante el reinado de Nerón en el año 64– o si no algo después de Domiciano, cuando la persecución se hizo más cruenta. Puesto que ninguno de sus esfuerzos ha resultado convincente, resulta mejor continuar trabajando sobre la base de la fecha tradicional. En el resto de este comentario veremos que el hacerlo así nos ayuda a entender mejor buena parte del Apocalipsis.

## Las diversas interpretaciones

Ningún otro libro de la Biblia ha dado lugar a tantas y tan diferentes interpretaciones como lo ha hecho el Apocalipsis. Las más populares de esas interpretaciones son las que comúnmente se llaman «futuristas». Estas interpretaciones ven a Juan prediciendo acontecimientos futuros, por lo general acontecimientos en un futuro distante. Tales interpretaciones futuristas casi siempre ven el cumplimiento de las predicciones de Juan en el tiempo en que vive quien hace la interpretación. Ya en tiempos de la iglesia antigua, hubo frecuentes discusiones sobre el milenio y sus mil años de paz. Sobre esto volveremos al discutir el capítulo 20 del Apocalipsis. La pregunta esencial que se planteaba en tales interpretaciones era cuándo comenzaría el milenio. Pero cuando la iglesia se volvió poderosa y alcanzó el apoyo del estado, hubo quien pensó que el milenio ya había comenzado y se preguntaba entonces cuándo terminaría.

Ya fuera de ese modo o ya de algún otro, los intérpretes futuristas frecuentemente han leído el Apocalipsis como un mapa o programa para el curso de la historia o para su fin. Siguiendo tales interpretaciones, en diversos tiempos algunos cristianos han «descubierto» en el Apocalipsis predicciones de que el fin llegaría en los años 380, 500, 800, 1000, 1224, y muchísimos otros. Algunos, ante la corrupción del papado, llegaron a decir que el Papa era la bestia apocalíptica. Otros, en apoyo del papado en sus luchas con el imperio, afirmaban que la bestia era el emperador. En tiempos de la Reforma protestante, muchos protestantes declararon que el Papa era la bestia, y muchos católicos romanos respondían declarando que era Lutero. Todos ellos estaban convencidos de que lo que veían en sus tiempos eran señales de lo que Juan había predicho.

En tiempos recientes, tales tradiciones se han vuelto otra vez comunes, particularmente entre protestantes. Una vez más, se han ofrecido varias fechas en las que supuestamente el mundo llegaría a su fin. Pero todas ellas han pasado, y todavía el mundo está ahí. Hubo quienes estaban convencidos de que Hitler era la bestia y que la batalla contra él sería el grande y final Armagedón. Después otros decidieron que la bestia era la Unión Soviética, postura que adoptaron también algunos altos personajes en el gobierno norteamericano. Más tarde se ha dicho que la bestia no es ninguno de aquellos, sino el Mercado Común Europeo, o la Unión Europea, o el Tribunal Supremo de los Estados Unidos, o el Ejército de Liberación de Palestina, o China...

Tales interpretaciones presentan varias dificultades. La más obvia es que muchas de ellas han resultado erradas. Con esto debía bastarnos para acercarnos con cautela a cualquier nueva interpretación semejante. Pero hay un problema todavía más serio respecto a tales interpretaciones futuristas: implica que el libro no tenía nada que decirles a las muchas generaciones entre Juan de Patmos y quien hoy lo interpreta. Supongamos por ejemplo que el gobierno comunista de China es la bestia. Eso quiere decir que cuando Agustín en el siglo cuarto, o

Lutero en el dieciséis, o Wesley en el dieciocho, lo leyeron, no tenía nada que decirles, pues la bestia no aparecería sino en el siglo XX. Y, lo que es todavía peor, esto implicaría que cuando Juan, exiliado en Patmos y preocupado por las congregaciones que habían quedado en Asia, les escribió, sencillamente les mandó algo que no podían entender, y que no les daba otro consuelo que saber que en alguna generación lejana lo que Juan decía tendría sentido. Cuando nos detenemos a pensarlo, tales interpretaciones futuristas son increíblemente egocéntricas, pues dan a entender que la nuestra es la única generación para la que este libro es Palabra de Dios.

Al otro extremo, también hay intérpretes que dan entender que el libro tenía importancia solamente en el pasado, cuando se escribió. Según tales interpretaciones, Juan estaba escribiendo acerca de acontecimientos que estaban teniendo lugar en sus días, o que podía vislumbrar que sucederían pronto, en el futuro inmediato. Les escribió a las iglesias en Asia para darles consuelo y fortaleza. Sus palabras no eran para nadie, sino para aquellas siete iglesias en el siglo primero. Por tanto, según este modo de entender el Apocalipsis, el libro tiene valor solamente como una pieza histórica, que nos ayuda a entender lo que acontecía entonces, y no debemos preocuparnos por lo que diga hoy. Tales interpretaciones tienen su medida de verdad: para entender este libro es necesario entender las circunstancias en que fue escrito. Sin tal examen, el libro se nos vuelve una serie de declaraciones crípticas que no parecen tener sentido y nos invitan a especulaciones descabelladas.

Pero no basta con tal interpretación. Nos interesa leer y entender este libro, no solamente porque es un documento interesante que ilustra el pasado, sino también y sobre todo porque, como creyentes, vivimos de la misma esperanza y del mismo futuro que Juan les anunció a sus lectores: el futuro cuando los propósitos de Dios se cumplirán. Juan les recordó a sus lectores, y también nos recuerda a nosotros, que tenían y que tenemos una esperanza que no nos puede ser arrebatada, una visión de los propósitos de Dios para el mundo, y que es a partir de esa visión que hemos de vivir hoy. Su esperanza, y la nuestra, se basan en acontecimientos pasados que garantizan el final de la historia, acontecimientos tales como la encarnación, crucifixión y resurrección de Jesucristo.

La esperanza de Juan no se fundamenta en un descubrimiento secreto o en una visión que le haya dicho exactamente el orden en que tendrían lugar los acontecimientos, sino más bien en lo que era entonces, y sigue siendo hoy, elemento fundamental de la fe cristiana: que no tenemos por qué temer el fin de la historia, porque ya lo hemos visto anunciado y ejemplificado en Jesucristo. Nuestro interés al leer este libro no es futurista en el sentido de tratar de descubrir lo próximo que ha de suceder. Tampoco es un interés anticuario en el sentido de tratar de enterarnos de las condiciones en que el libro fue escrito. Leemos y estudiamos el Apocalipsis porque estamos convencidos de que el Dios que a través de él les habló a los cristianos en el siglo primero, y que después les ha hablado a tantos otros creyentes, también nos habla y hablará hoy en nuestro siglo.

Esto requiere un método de interpretación diferente, un método que ha de ser a la vez histórico y futurista. Debemos emplear el análisis histórico del texto y de su contexto a fin de entender lo que Juan les estaba diciendo a las iglesias en Asia a finales de aquel primer siglo. Pero no basta con eso. También tenemos que leer el libro como quienes participamos de la misma fe de Juan, así como de su visión de los propósitos de Dios para la creación y para nosotros. Juan entendía que esos propósitos ya se estaban cumpliendo y se habían manifestado también en algunos acontecimientos pasados, particularmente en la obra de Cristo.

Lo que Juan les estaba diciendo a sus lectores originales es que los cristianos hemos de vivir nuestras vidas, no a partir de las presiones y conveniencias presentes, sino más bien a partir de una visión del futuro que proviene de nuestra fe. La verdad es que vivimos la mayor parte de nuestras vidas, no solamente a partir del pasado, sino también del futuro, de lo que esperamos ser al llegar a la vida adulta, de dónde quisiéramos trabajar, de lo que esperamos para nuestros hijos, de nuestros planes de jubilación, etc. Luego, una visión diferente del futuro –una visión como la que Juan nos ofrece en este libro– debería llevarnos también a una vida diferente.

Es con ese propósito de descubrir la voluntad de Dios que nos embarcamos en el estudio del Apocalipsis.

# CAPÍTULO I

## El escenario: Apocalipsis 1:1-20

### Título y bendición: Apocalipsis 1:1-3

[1]La revelación de Jesucristo, que Dios le dio para manifestar a sus siervos las cosas que deben suceder pronto. La declaró enviándola por medio de su ángel a su siervo Juan, [2]el cual ha dado testimonio de la palabra de Dios, del testimonio de Jesucristo y de todas las cosas que ha visto. [3]Bienaventurado el que lee y los que oyen las palabras de esta profecía, y guardan las cosas en ella escritas, porque el tiempo está cerca.

Por extraño que nos parezca a los lectores modernos, los primeros dos versículos del Apocalipsis son en realidad el título del libro. En la antigüedad no se acostumbraba a ponerles títulos a los libros, sino que normalmente se le llamaba por sus primeras palabras, y en algunas ocasiones se empezaba resumiendo el tema del libro y su autor.

El tema del libro es «la revelación de Jesucristo». Puesto que en griego la palabra «revelación» es «apocalipsis», pronto se le dio al libro el título de su primera palabra. Resulta interesante que esa palabra no vuelve a aparecer en todo el libro. Pero ciertamente resumen su contenido, que se trata de una revelación.

Si leemos el pasaje con detenimiento veremos que Juan no dice que la revelación le haya sido dada a él, sino que Dios se la dio a Jesucristo «para manifestar a sus siervos las cosas que deben suceder pronto». Esto bien puede referirse a la creciente tensión entre los cristianos y la sociedad circundante que pronto acabaría en persecución. Si lo entendemos en el sentido de que lo que sucederá «pronto» es el cumplimiento de todo el plan de Dios, tal pareciera que Juan se equivocaba. ¿Le resta esto autoridad? Si, como frecuentemente se piensa, Juan estaba ofreciendo un programa del fin del mundo y las cosas que ocurrirían en torno a él, bien parecería que se equivocó, pues hace casi 2000 años escribió estas palabras y el fin esperado no ha llegado. Si, por otra parte, el mensaje de Juan es esencialmente una invitación a confiar en Dios, en cuyas manos está el futuro y, sobre la base de esa confianza, a resistir toda tentación a la infidelidad y a aceptar los males de la sociedad, su mensaje sigue siendo válido, aun cuando todavía no haya llegado el fin que Juan prometió. El meollo del mensaje de Juan no es cuestión de fechas, sino del triunfo final de Dios sobre toda maldad.

En el versículo 2, que es todavía parte del título, Juan no nos habla de lo que hizo en el pasado antes de escribir este libro. Podemos dar por sentado que ya se le consideraba profeta antes de su exilio en Patmos. Pero al decir esto debemos recordar que originalmente un «profeta» no era necesariamente quien predecía el futuro, sino cualquier persona que hablara en nombre de Dios. Y lo que entonces se llamaba «profecía» era muy semejante a lo que hoy llamamos «predicación». En otras palabras, si Juan recibía el título de profeta esto no se debería a que anunciara el futuro, sino sencillamente a que la iglesia reconocía que Dios le empleaba para hablarle a ella. Nótese además que hay una especie de cadena en cuanto al modo en que la revelación le llega a Juan, pues es revelación de Dios dada a Jesucristo y luego enviada a Juan por medio de un ángel.

Viene entonces la primera de siete bendiciones que aparecen en el Apocalipsis (además de esta que aparece en 1:3, las otras seis pueden verse en 14:13; 16:15; 19:9; 20:6; 22:7; y 22:14). Esta primera bendición es doble, pues incluye por una parte al que lee y por otra a los que «oyen» y «guardan» lo que aquí se dice. Al bendecir al lector, Juan no se está refiriendo a quien, como nosotros hoy, lee el libro en su casa. El libro todo ha sido escrito para ser leído en voz alta en la congregación de la iglesia. Por tanto, quien en este contexto «lee» es quien lo hace en voz alta en medio de esa congregación. Y las otras personas a quienes el pasaje bendice son quienes le escuchan. Esto es importante, puesto que hay una diferencia entre leer en privado y leer dentro del contexto del culto y la vida de la iglesia. Al tiempo que el estudio de las Escrituras en privado es importante y valioso, esto no debe hacerse en desmedro de la lectura pública en medio de la congregación, puesto que la mayor parte de la Biblia –y ciertamente el Apocalipsis– fue escrita para ser leída a la comunidad de fe reunida para adorar. El Apocalipsis se dirige a esa comunidad como un todo, y por eso es que la mayoría de sus verbos referentes a los creyentes están en plural. En este caso, son quienes «oyen» y «guardan».

## *El saludo: Apocalipsis 1:4-8*

[4]Juan, a las siete iglesias que están en Asia: Gracia y paz a vosotros de parte del que es y que era y que ha de venir, de los siete espíritus que están delante de su trono, [5]y de Jesucristo,

el testigo fiel, el primogénito de los muertos y el soberano de los reyes de la tierra. Al que nos ama, nos ha lavado de nuestros pecados con su sangre [6]y nos hizo reyes y sacerdotes para Dios, su Padre, a él sea gloria e imperio por los siglos de los siglos. Amén.

[7]He aquí que viene con las nubes:

Todo ojo lo verá, y los que lo traspasaron;

y todos los linajes de la tierra se lamentarán por causa de él.

Sí, amén.

[8]«Yo soy el Alfa y la Omega, principio y fin», dice el Señor, el que es y que era y que ha de venir, el Todopoderoso.

Estas líneas son típicas del modo en que comenzaban las cartas en la antigüedad. Hoy empezamos con la fecha, y siguen el nombre y dirección del destinatario, un saludo, el cuerpo de la carta, y por último el nombre y la firma de quien escribe. En tiempos del Nuevo Testamento el orden acostumbrado era muy diferente. Se empezaba diciendo primero quién escribía. Puesto que es probable que al leer este libro usted tenga abierta su Biblia al principio del Apocalipsis, retroceda un poco y notará que el libro que inmediatamente precede al Apocalipsis empieza con la palabra «Judas», el autor de esa epístola. Y el libro que antecede a Judas empieza identificando a su autor como «el anciano». Lo mismo veremos si estudiamos las demás epístolas del Nuevo Testamento, así como la carta que los discípulos reunidos en Jerusalén enviaron en Hechos 15:23.

En ese orden de las cartas de la antigüedad, tras el nombre del autor se mencionaban los destinatarios. Esto puede verse en los mismos ejemplos que acabamos de citar. En el caso del Apocalipsis, los destinatarios son «las siete iglesias que están en Asia». Puesto que el número siete se utiliza repetidamente en este libro, así como en toda la Biblia, para referirse a la perfección o plenitud de algo, bien puede pensarse que las «siete iglesias» no son solamente un modo de dirigirse a siete iglesias particulares, sino también a toda la iglesia. Sabemos que ya en esa época había otras iglesias en Asia, en ciudades cercanas tales como Colosas, Hierápolis y Troas. Pero también es importante recordar que en los próximos dos capítulos Juan se dirigirá específicamente a siete iglesias, enviándoles un mensaje a cada una de ellas. Luego, bien podemos decir que las siete iglesias son a la vez iglesias específicas y símbolo de todo el resto de la iglesia.

También vemos en el resto del Nuevo Testamento que normalmente tras mencionar al destinatario de una carta se le dan saludos, y que esos saludos van seguidos de una doxología. En este caso, la doxología tiene una extraña estructura trinitaria, puesto que Juan les desea a sus destinatarios gracia y paz (1) «de parte del que es y que era y que ha de venir» (2) «de los siete espíritus que están delante de su trono» y (3) «de Jesucristo, el testigo fiel...». La referencia a Dios como «el que es y que era y que ha de venir» parece haber sido relativamente común en círculos judíos, ya que aparece en alguna literatura hebrea de esos tiempos. Lo que sean «los siete espíritus» es más debatible. Posiblemente al emplear el número siete se está dando a entender que la referencia es a la plenitud del Espíritu. Por último, la tercera fuente de gracia y paz es Jesucristo (posiblemente desee usted comparar esto con el saludo típico Paulino, que normalmente les desea a sus destinatarios gracia y paz de Dios y de Jesucristo).

En todo caso, a esta doxología trinitaria le siguen primero un himno de alabanza (v. 7) y luego un mensaje procedente de Dios mismo (v. 8).

En tales doxologías el autor normalmente da algunos indicios de los temas principales de lo que ha de escribir. En este caso resulta importante notar que Juan les dice desde el principio mismo a sus autores que han venido a ser «reyes y sacerdotes para Dios». Esto es una referencia a Éxodo 19:6: «Vosotros me seréis un reino de sacerdotes y gente santa». Lo que es más, con estas palabras el autor da a entender que quienes escucharán sus palabras pertenecen no ya al Imperio Romano, sino que sirven más bien a Dios, y que ese Dios no es el emperador de Roma ni alguno de los diversos intereses de la sociedad circundante. Por eso es importante notar que en esta doxología es Dios quien tiene «gloria e imperio por los siglos de los siglos».

Tras esta fórmula trinitaria, la doxología pasa a un himno que se introduce con las palabras «He aquí». Juan está a punto de contar sus visiones. Pero al mismo tiempo está invitando a sus lectores a mirar ellos también de tal manera que ellos, como él, puedan ver el venidero triunfo de Jesús y su juicio sobre «todos los linajes de la tierra». Por último, esta doxología introductoria termina con unas palabras que vienen de Dios mismo, quien es «el que es y que era y que ha de venir, como ya se dijo en 1:4, y es además «el Todopoderoso». Este último título era el modo en que las traducciones de la Biblia hebrea al griego traducían el título de «Señor de los ejércitos».

Lo que Dios declara es «Yo soy el Alfa y la Omega». Puesto que estas son la primera y última letras del alfabeto griego, sería como decir hoy «yo soy de la A y la Z». La misma expresión aparece otra vez en 21:6 y 22:13. En este caso, esta palabra final de Dios cierra la doxología que precede al cuerpo del libro mismo.

En breve, el Apocalipsis empieza en forma de carta, y es en verdad una carta dirigida a las «siete iglesias» de Asia. También resulta notable que el libro termina también como terminaría una carta, en 22:21. Luego, aunque que el libro contiene una serie de visiones e himnos, así como siete cartas breves, dirigidas cada una a una de las siete iglesias de Asia, el apocalipsis en su totalidad toma la forma de una epístola más amplia, semejante a las de Pablo.

En esta carta, Juan deja claro que la visión que ha tenido no es para él solo, sino también para quienes han de escuchar sus palabras en las siete iglesias y, por extensión, también para nosotros hoy. Por tanto, pasemos a considerar no solamente lo que él «ha visto» (v. 2), sino también lo que nos está invitando a ver con su frase «he aquí» (v. 7).

## La gran visión: Apocalipsis 1:9-20

Al igual que varios de los antiguos profetas, el libro que Juan escribe comienza con una gran visión que marca la pauta para toda la obra. Y, también al estilo de aquellos profetas, Juan empieza contando las circunstancias de su visión (cf. por ejemplo Is 6:1 y Ez 1:1-3).

### La situación (1:9-11)

[9]Yo, Juan, vuestro hermano y compañero en la tribulación, en el reino y en la perseverancia de Jesucristo, estaba en la isla llamada Patmos, por causa de la palabra de Dios y del testimonio de Jesucristo. [10]Estando yo en el Espíritu en el día del Señor oí detrás de mí una gran voz, como de trompeta, [11]que decía: «Yo soy el Alfa y la Omega, el primero y el último. Escribe en un libro lo que ves y envíalo a las siete iglesias que están en Asia: a Éfeso, Esmirna, Pérgamo, Tiatira, Sardis, Filadelfia y Laodicea».

Juan se identifica a sí mismo, no sobre la base de un título o autoridad, sino más bien sobre la base de solidaridad con sus lectores. Es su hermano y comparte con ellos «en la

37

tribulación, en el reino y en la perseverancia». Lo que aquí se traduce como «tribulación» también puede entenderse como «persecución». Luego, no está del todo claro si se refiere a que hubiera ya una política general de perseguir a los cristianos, si se trata solamente de una política que se seguía en la provincia de Asia, o si era sencillamente el sufrimiento de todo grupo marginado en la sociedad. En todo caso, no cabe duda de que se trataba de tiempos difíciles para los cristianos.

Es notable el hecho de que junto a la tribulación Juan mencione el reino y la perseverancia. Para la población en general, el reino le pertenecía a Domiciano, y consistía en un orden político en el que Juan y sus lectores no tenían gran importancia. Pero Juan les dice que comparte no solamente la tribulación, sino también el reino (recordemos que en 1:6 Juan ya ha declarado que Cristo les ha hecho «reyes y sacerdotes»). Este reino, al tiempo que ya está presente, está todavía escondido bajo circunstancias de persecución o sufrimiento. Por lo tanto, los creyentes que viven en la tensión entre el sufrimiento y el reino han de responder mediante la perseverancia, hasta que los propósitos de Dios se cumplan. Esto constituye un recordatorio por parte de Juan, no solamente para sus lectores de entonces, sino también para los de hoy, quienes vivimos a partir de la visión gloriosa del reino, pero al mismo tiempo en medio de los sufrimientos y la injusticia del orden presente.

Juan se encontraba en la pequeña y escasamente poblada isla de Patmos «por causa de la palabra de Dios y del testimonio de Jesucristo». No dice exactamente que se tratara de un exilio, pues las palabras del texto pueden interpretarse en el sentido de que había ido a esa isla a predicar. Por otra parte, sería difícil entender por qué Juan, que vivía en una de las provincias más pobladas de todo el Imperio, se puede haber sentido impelido a predicar en Patmos más bien que en algunas de las otras ciudades principales de la región. Además, no hay noticia alguna de una iglesia en Patmos ni en tiempos de

Juan ni poco después de él. Por lo tanto, la interpretación más tradicional, que Juan estaba en Patmos como exiliado, parece muy probable.

La afirmación de que estaba «en el Espíritu» quiere decir que estaba en comunión extática con Dios y que por tanto estaba listo para la visión que estaba a punto de venir. La referencia al «día del Señor» fue bastante común en la iglesia antigua como un modo de nombrar el primer día de la semana, día de la resurrección del Señor. Era en ese día que la iglesia se reunía para compartir el pan de la comunión. Luego, no es sorprendente el que tanto de lo que Juan dice se relacione estrechamente con el culto. Puesto que no podía estar presente adorando junto a sus amadas iglesias, tiene una visión que le lleva más allá de la tribulación presente al reino y a su culto celestial. El que le llegara «una gran voz, como de trompeta» se entiende en este contexto, pues a través de todo el Antiguo Testamento la trompeta significa la presencia de Dios en el culto (cf., por ejemplo, Lv 23:24: «Una conmemoración al son de trompetas y una santa convocación»).

Lo que la voz dice marca la pauta para todo el resto del libro: Juan ha de escribir lo que ve y mandárselo «a las siete iglesias que están en Asia», en las ciudades que se mencionan a continuación (sobre estas siete iglesias, tanto colectiva como individualmente, véase el comentario sobre 2:1–3:22).

## La visión (1:12-20)

[12]Me volví para ver la voz que hablaba conmigo. Y vuelto, vi siete candelabros de oro, [13]y en medio de los siete candelabros a uno semejante al Hijo del hombre, vestido de una ropa que llegaba hasta los pies, y tenía el pecho ceñido con un cinto de oro. [14]Su cabeza y sus cabellos eran blancos como blanca lana, como nieve; sus ojos, como llama de fuego. [15]Sus pies eran

semejantes al bronce pulido, refulgente como en un horno, y su voz como el estruendo de muchas aguas. [16]En su diestra tenía siete estrellas; de su boca salía una espada aguda de dos filos y su rostro era como el sol cuando resplandece con toda su fuerza.

[17]Cuando lo vi, caí a sus pies como muerto. Y él puso su diestra sobre mí, diciéndome: «No temas. Yo soy el primero y el último, [18]el que vive. Estuve muerto, pero vivo por los siglos de los siglos, amén. Y tengo las llaves de la muerte y del Hades. [19]Escribe, pues, las cosas que has visto, las que son y las que han de ser después de estas. [20]Respecto al misterio de las siete estrellas que has visto en mi diestra, y de los siete candelabros de oro: las siete estrellas son los ángeles de las siete iglesias, y los siete candelabros que has visto son las siete iglesias.

Todo este pasaje nos recuerda a Daniel 7:13-14 y 10:5-10 (textos que sería bueno leer ahora como trasfondo a lo que Juan dice). Los siete candelabros, como se le explica a Juan al final de la visión, simbolizan las siete iglesias a las que debe escribir. El hecho de que quien es «semejante al Hijo del hombre» está «en medio de los siete candelabros» quiere decir que el Cristo celestial no es un dueño ausente, sino que está presente entre las iglesias.

La descripción de aquel que ve Juan es majestuosa y sigue el patrón de Daniel 10. Este ser «semejante al Hijo del hombre», lleva las vestimentas típicas de un sumo sacerdote o de alguna persona de gran autoridad. Su cabellera blanca y sus ojos «como llama de fuego» son señales tanto de su gran edad como de su perenne fuerza y autoridad. Sus pies están hechos de una aleación de metal que la RVR traduce como semejante al «bronce pulido». Probablemente esto se refiera a una aleación de alto valor que existía entonces, y que se producía particularmente en Tiatira. Como en Daniel, donde la voz se compara con «el estruendo de una multitud», aquí se compara con «el estruendo de muchas aguas».

Las siete estrellas que este personaje tenía en su diestra son «los ángeles de las siete iglesias», como se le explicará al propio Juan. Se ha discutido mucho acerca de lo que puedan significar estos ángeles (cf. el comentario sobre 2:1). En todo caso, no cabe duda de que al menos esto quiere decir que este personaje tiene las siete iglesias en la mano y por tanto cuida de ellas y tiene poder sobre ellas. La «espada aguda de dos filos» que sale de su boca es una manera bastante común de referirse a la Palabra de Dios, dando a entender que con esa arma basta. Por último, el rostro «como el sol cuando resplandece con toda su fuerza» es la referencia a la gloria divina, que nadie puede ver y, sin embargo, seguir viviendo (Ex 33:20).

No ha de sorprendernos por tanto que Juan caiga «a sus pies como muerto» ante la majestad de esta visión. ¡Lo que sí es sorprendente es que esta figura majestuosa –quien no es sino Cristo en toda su gloria– se incline a tocarle y le diga «no temas»!

Hay dos puntos importantes que es necesario recalcar en esta visión, puesto que nos dicen algo acerca del mensaje de Juan y de su teología. En primer lugar, se trata de una visión de Cristo, como el propio Cristo inmediatamente explicará: «Estuve muerto, pero vivo por los siglos de los siglos». Pero este Cristo al mismo tiempo se presenta como «el Todopoderoso, el Anciano de Días quien tiene poder sobre la muerte y el Hades». A través de todo este libro, Juan subraya el poder majestuoso de Jesús, el Cristo, el Cordero que fue inmolado, y se refiere a tal poder en términos que son claramente divinos.

En segundo lugar, debe notarse que el mensaje es ante todo de buenas nuevas. Frecuentemente nos inclinamos a pensar en el Todopoderoso en términos de tal majestad que parece haber un abismo entre este Ser Supremo y nosotros. En respuesta a esto, hay quien se inclina a pensar de Dios en términos menos sobrecogedores para así sentirse más cómodo ante la presencia divina. Pero aquí Juan nos presenta por una parte una visión excelsa de la majestad y el poder de Cristo, un Cristo de tal fulgor que «su rostro era como el sol cuando resplandece con toda su fuerza». Pero por otra parte este poderoso Cristo se digna tocar a Juan y decirle «no temas». Para Juan, exiliado en Patmos, y para sus primeros lectores, quienes sufrían en medio de una sociedad hostil, esto sería ciertamente buenas nuevas. Y lo mismo debía ser para nosotros, puesto que ¡esto es la esencia del Evangelio!

# CAPÍTULO II

## Cartas a las siete iglesias: Apocalipsis 2:1–3:22

Llegamos ahora a la parte más conocida de todo el Apocalipsis: las siete cartas dirigidas a las siete iglesias que ya se mencionaron en 1:11. Para entenderlas pueden ser útiles algunas notas preliminares. Posiblemente lo más importante sea reconocer que, hasta donde sabemos, estas cartas nunca circularon independientemente unas de otras. Siempre fueron parte de la epístola mayor que es todo el libro del Apocalipsis. Bien podemos decir que se asemejan en esto a algunos comentarios que encontramos en las epístolas de Pablo, y hasta de nuestras propias cartas, cuando en medio de una carta a una familia de momento decimos: «Pedro y María, por favor, recuerden...». Esto quiere decir que, aunque cada una de las siete cartas va dirigida a una congregación específica, todos los destinatarios del libro de Juan escucharían lo que se les decía a las demás iglesias.

Además, debemos tener en cuenta cuatro puntos en la estructura común de todas las siete cartas. En primer lugar, se le ordena a Juan escribirle «al ángel de la iglesia en... (Éfeso, Esmirna, Pérgamo, etc.)». Se ha debatido mucho acerca de lo que quiere decir eso del «ángel» de una iglesia. Algunos piensan que se trata sencillamente del líder de la iglesia. Pero tal uso del término «ángel» sería sorprendente en esa época. A través de todo el Apocalipsis, el término «ángel» se usa para referirse a un ser celestial que sirve a Dios. Por esa razón, la mayoría de los intérpretes piensa que estos ángeles en cada una de las iglesias reflejan la idea común en aquellos tiempos, que cada nación, ciudad, familia y, en este caso, iglesia, tiene su contraparte celestial, o su «ángel». En todo caso, lo que está claro es que el mensaje se le envía a cada uno de estos ángeles para que se los haga llegar a la iglesia en su totalidad.

En segundo lugar, cada una de las cartas empieza describiendo a Jesús con metáforas que en su mayoría ya aparecieron antes en el primer capítulo del libro. En la mayoría de las cartas es posible ver la conexión entre el modo en que se describe a Cristo y lo que sigue en el cuerpo de la carta misma. Tras esa descripción de Jesús, aparece la frase que la RVR traduce por «dice esto». En el original griego, esa frase tiene un ligero sabor arcaico que refleja el modo en que los judíos que hablaban griego traducían la frase común en los profetas del Antiguo Testamento, «así dice el Señor».

En tercer lugar, el cuerpo de cada una de las cartas empieza con las palabras «Yo conozco», a lo que casi siempre siguen frases tales como «tus obras» o, en casos particulares, otras descripciones de la condición de cada iglesia como, por ejemplo, «tu tribulación, tu pobreza», o «dónde habitas». Esto lleva al cuerpo de la carta, donde aparecen palabras de encomio o de condena. Tales palabras normalmente reflejan las condiciones que se han mencionado acerca de cada una de las iglesias.

Por último, cada una de las cartas concluye con una promesa «al vencedor», junto a la que aparece, antes o después, la amonestación: «el que tenga oído, oiga lo que el Espíritu dice a las iglesias». El uso del plural en esta frase, «iglesias», indica que se esperaba que cada una de estas cartas fuera leída en todas las iglesias y que cada iglesia escucharía lo que el Espíritu les decía a las demás. Luego, aunque se trata de siete cartas diferentes, con mensajes específicos, en cierto sentido todas se dirigen a la iglesia en su totalidad.

## *Éfeso: Apocalipsis 2:1-7*

[1]Escribe al ángel de la iglesia en Éfeso:

«El que tiene las siete estrellas en su diestra, el que camina en medio de los siete candelabros de oro, dice esto:

[2]'Yo conozco tus obras, tu arduo trabajo y tu perseverancia, y que no puedes soportar a los malos, has probado a los que se dicen ser apóstoles y no lo son, y los has hallado mentirosos. [3]Has sufrido, has sido perseverante, has trabajado arduamente por amor de mi nombre y no has desmayado. [4]Pero tengo contra ti que has dejado tu primer amor. [5]Recuerda, por tanto, de dónde has caído, arrepiéntete y haz las primeras obras, pues si no te arrepientes, pronto vendré a ti y quitaré tu candelabro de su lugar. [6]Pero tienes esto: que aborreces las obras de los nicolaítas, las cuales yo también aborrezco. [7]El que tiene oído, oiga lo que el Espíritu dice a las iglesias. Al vencedor le daré a comer del árbol de la vida, que está en medio del paraíso de Dios'».

La primera iglesia a la que Juan ha de dirigirse es la que está en Éfeso. Esto puede deberse a varias razones. En primer lugar, según varios escritores cristianos antiguos Juan vivía en Éfeso antes de su exilio en Patmos. Por lo tanto, empieza su serie de siete cartas dirigiéndose a su propia iglesia. En segundo lugar, desde la isla de Patmos hacia tierra firme, el puerto natural de desembarque era Éfeso. Luego, el mensajero que llevaría el libro de Juan –ya que, como hemos visto, en cierto sentido todo el libro es una epístola– comenzaría visitando a Éfeso. El orden en que se mencionan las otras iglesias sigue un amplio círculo, como si el mensajero debiera tomar primero la gran vía que marchaba hacia el norte siguiendo la costa hasta Esmirna, y luego a Pérgamo, para entonces tomar la carretera que se dirigía hacia el sudeste y que llevaba, en ese orden, a Tiatira, Sardis, Filadelfia y Laodicea (después de esto la misma carretera volvía a Éfeso, siguiendo ahora el valle del río Meandro en su rumbo hacia el mar). Por último, también se menciona primeramente a la iglesia de Éfeso porque esta era la «iglesia madre» de las otras en la región y porque Éfeso era con mucho la mayor ciudad de toda la región.

Éfeso era un importante puerto marino y centro de todo el comercio con el interior de la provincia de Asia. En toda la región oriental del vasto Imperio Romano, solamente Alejandría y Antioquía sobrepasaban a Éfeso. Además, la ciudad era famosa por el enorme templo que allí se había construido en honor de Artemisa o Diana, y que era una de las siete maravillas del mundo antiguo. Y Éfeso era famoso también por sus libros de magia, hasta tal punto que todos esos libros, vinieran de Éfeso o no, se conocían como «libros efesinos». La ciudad contaba con una vasta población judía cuyo poder y prestigio eran tales que a sus miembros se les dio la ciudadanía de Éfeso.

Todos estos elementos habrían tenido un lugar en el desarrollo de la iglesia cristiana en Éfeso, como vemos en el libro de Hechos (Hch 19). Allí se nos cuenta que al llegar a Éfeso Pablo encontró «a ciertos discípulos» que aparentemente seguían más bien a Juan el Bautista que a Cristo, y se nos cuenta también que Pablo predicó en la sinagoga de la ciudad hasta que se le expulsó de ella. Entonces tiene lugar allí el episodio que lleva a la quema de libros de magia de gran valor. Por último, la predicación de Pablo y sus acompañantes es vista como una amenaza al negocio lucrativo de los plateros, que producen y venden pequeñas reproducciones del famoso templo de Artemisa. El resultado es un motín que lleva al teatro, donde solamente la intervención del representante del orden público de la ciudad puede calmar los ánimos.

A Juan se le ordena que escriba a la iglesia de Éfeso en nombre de «El que tiene las siete estrellas en su diestra, el que camina en medio de los siete candelabros de oro», lo cual es una referencia a la visión que Juan acaba de describir. En este caso que escriba a una iglesia en medio de una ciudad rica y poderosa, la iglesia madre de las que la rodeaban, siendo importante que esa iglesia recordara que su Señor todavía seguía caminando entre los candelabros –es decir, las iglesias– y tenía en su diestra tanto esta iglesia como los ángeles de todas las iglesias.

El mensaje a Éfeso tiene un tono generalmente positivo. Se alaba a esa iglesia por su perseverancia, particularmente en lo que se refiere al reto de quienes «se dicen ser apóstoles y no lo son» (2:2) y de los «nicolaítas» (2:6). Probablemente los falsos apóstoles eran predicadores itinerantes que iban de lugar en lugar exigiendo que las iglesias les sustentaran. Sobre la base de otros documentos de aproximadamente la misma fecha, sabemos que una de las dificultades a que se enfrentaban las iglesias era la necesidad de distinguir entre quienes son verdaderos apóstoles –es decir, predicadores que iban de un lugar a otro llevando el evangelio– y quienes sencillamente buscaban vivir de la hospitalidad de las comunidades cristianas. En las cartas de Pablo, los falsos apóstoles, o «grandes apóstoles» se oponían al mensaje paulino de la salvación mediante la gracia de Dios (2 Cor 11:5, 13). Pero no es posible determinar con certeza quiénes eran los falsos apóstoles en el mensaje a Éfeso, y por lo tanto es posible que hayan sido los mismos nicolaítas.

Los nicolaítas se mencionan también en Ap 2:15 –el mensaje a Pérgamo– pero tampoco allí se nos dan más explicaciones acerca de cuáles eran sus prácticas y enseñanzas. Una posible explicación se basa en el nombre mismo de Nicolás, que quiere decir «destructor del pueblo». Luego, cuando el mensaje a Pérgamo se refiere a quienes «retienen la doctrina de Balaam» (2:14) y a los nicolaítas (2:15), es muy posible que se trate sencillamente de dos maneras diferentes de referirse a las mismas personas.

La historia de Balaam aparece en Números 22–24. Balaam era un profeta de Dios a quien el rey de Moab empleó para maldecir al pueblo de Israel. Balaam insistió en que solamente diría lo que Dios le indicara, pero a la postre accedió a ir a Moab. Llegado el momento, en lugar de maldecir a Israel lo bendijo, y el resultado fue que los israelitas derrotaron a los moabitas. A pesar de eso, los israelitas mataron a Balaam, aparentemente por haber estado al servicio del rey de Moab. A partir de entonces, Balaam vino a ser una figura despreciada en la historia de Israel, pues se prestó a servir al enemigo, aun cuando Dios no le permitiera profetizar contra Israel (cf. Dt 23:4-5). Se decía que había practicado la adivinación (Jos 24:9-10), y en los inicios de la era cristiana Balaam se había vuelto símbolo del profeta mercenario. Por eso leemos en 2 Pedro 2:15-56 acerca del «camino de Balaam hijo de Beor, el cual amó el premio de la maldad y fue reprendido por su iniquidad».

Todo esto encaja con lo que sabemos de Juan de Patmos y su insistencia en que los cristianos no comprometieran su fe. Las presiones que podían llevar a los creyentes a componendas inaceptables no venían solamente –y quizá tampoco primeramente– del estado, sino más bien de la sociedad y sus estructuras económicas. Quienes se prestaban a tales componendas pretendían que podían participar en los diversos ritos de la sociedad y al mismo tiempo permanecer fieles. Por eso se les consideraba seguidores del ejemplo de Balaam, quien por una parte insistía en estar al servicio de la voluntad de Dios, pero por otra parte se hizo servidor del rey de Moab. Balaam tuvo cierta medida de éxito, por cuanto bendijo a Israel en lugar de maldecirle, pero así y todo pagó su debilidad con su vida.

En conclusión, es muy probable que los nicolaítas hayan sido también los «seguidores de Balaam», así como los que toleraban a «esa mujer, Jezabel» en Tiatira (2:20). Pero no importa quiénes hayan sido los nicolaítas, el mensaje a Éfeso claramente alaba a esa iglesia por haberse mantenido firme frente a ellos.

Pero no todo marchaba bien en Éfeso. El mensaje a esa iglesia dice: «Pero tengo contra ti que has dejado tu primer amor» (2:4). La mayoría de los intérpretes concuerda en que esto se refiere al amor dentro de la comunidad de fe, más bien que a su amor hacia Dios y la verdad de Dios. Estos efesios serían fuertes defensores de la verdad, pero en esa misma defensa habrían perdido el amor mutuo que debió caracterizarles. Se trata de un fenómeno que todos conocemos sobradamente. Es importante ocuparse de la pureza de la fe y de las doctrinas. Pero hay casos en los que nos dejamos llevar por nuestro celo en cuanto a esto hasta tal punto que el amor parece quedar olvidado. En tales casos, la ortodoxia viene a ser la señal fundamental de la «recta doctrina», y el amor parece quedar relegado a una cuestión de menor importancia.

Esto puede parecernos un pecado menor y sin importancia. «Después de todo», nos decimos, «somos humanos». Pero el mensaje a Éfeso nos dice otra cosa. El Señor mismo les dice: «Si no te arrepientes, pronto vendré a ti y quitaré tu candelabro de su lugar». Esto es cosa seria. La iglesia de Éfeso –la madre de las demás iglesias en Asia, celosa en su ortodoxia, y firme ante todas las tentaciones de comprometer su fe aceptando los males de la sociedad– bien puede ser destruida, no porque su doctrina no sea pura o porque se haya adaptado al mundo, sino porque el amor ya no reina en ella. Son palabras que la iglesia de hoy tiene que oír, porque nosotros también tenemos cierta tendencia a preocuparnos de tal manera por la sana doctrina, la teología correcta y la buena administración que corremos el riesgo de olvidar que una iglesia sin amor es una iglesia que ha muerto.

Al vencedor, es decir, a quien evita las componendas mercenarias de los nicolaítas al tiempo que no se deja llevar por la tentación de una ortodoxia sin amor, el Espíritu promete que «le daré a comer del árbol de la vida, que está en medio del paraíso de Dios». Algunos intérpretes sugieren que esta promesa es una alusión a las monedas de Éfeso, que tenían grabada la imagen del árbol sagrado de Artemisa. En tal caso, lo que se promete es que quienes no comprometen su fe en busca de esas monedas efesinas, con su árbol de Artemisa, recibirán en recompensa otro árbol mucho más valioso: el árbol de la vida. En Génesis 3:22-24, Dios decide expulsar del Edén a Adán y a Eva «para que no alargue su mano, tome también del árbol de la vida, coma y viva para siempre». Luego, ¡el árbol que se prohíbe en Génesis se promete en el Apocalipsis! Lo que vemos aquí es que quienes pueden vencer mediante el amor estarán listos para vivir eternamente en comunión con Dios y con los demás. Sobre esto veremos más en Ap 22:2.

### Esmirna: Apocalipsis 2:8-11

[8]Y escribe al ángel de la iglesia en Esmirna: El primero y el postrero, el que estuvo muerto y vivió, dice esto:

[9]Yo conozco tus obras, y tu tribulación, y tu pobreza (pero tú eres rico), y la blasfemia de los que se dicen ser judíos, y no lo son, sino sinagoga de Satanás. [10]No temas en nada lo que vas a

padecer. He aquí, el diablo echará a algunos de vosotros en la cárcel, para que seáis probados, y tendréis tribulación por diez días. Sé fiel hasta la muerte, y yo te daré la corona de la vida. [11]El que tiene oído, oiga lo que el Espíritu dice a las iglesias. El que venciere, no sufrirá daño de la segunda muerte.

De entre las siete ciudades a las que se dirigen las cartas del Apocalipsis, la única que es todavía una ciudad floreciente es Esmirna, que hoy se llama Izmir. Esto se debe en buena medida a su geografía, pues la ciudad tiene un excelente puerto protegido por un golfo de aguas profundas (en el caso de Éfeso, el antiguo puerto se ha llenado de sedimentos a tal punto que las ruinas de la ciudad están ahora a varios kilómetros de la costa). Esa misma ventaja geográfica fue la razón por la que sus vecinos lidios la atacaron y destruyeron hasta tal punto que el sitio estuvo abandonado por siglos. Pero a la postre la ciudad floreció de nuevo, y en tiempos del Apocalipsis había recuperado su importancia. Por eso a veces se la llamaba «la ciudad que murió, pero vive». Es digno de notar el hecho de que en el mensaje a Esmirna aparece repetidamente el tema de la muerte y la vida. Y se describe a Cristo como «el que estuvo muerto y vivió». Se exhorta a los creyentes a ser fieles hasta la muerte. Y a quien lo sea se le promete «la corona de la vida». Cuando se escribió el Apocalipsis, los principales edificios de Esmirna estaban en torno a una colina, de modo que al entrar al puerto se veía «una corona de edificios». Algunos sugieren que posiblemente sea por esto que a quien sea fiel hasta la muerte se le promete la corona de la vida.

Tomando en cuenta tales alusiones, se ve el tono contracultural y hasta subversivo del mensaje a Esmirna. La ciudad se enorgullece de su corona de edificios y de haber revivido después de estar muerta. Pero a la postre tanto Esmirna como todos sus habitantes desaparecerán en una muerte de la que no hay retorno, una «segunda muerte» (sobre este tema, cf. 20:14-15). Por muy impresionante que sea la corona de edificios de Esmirna, no es nada cuando se la compara con la corona de vida que los creyentes han de recibir. Este mensaje a Esmirna conlleva un gran vuelco, de tal modo que todo esto de lo que ahora la ciudad se enorgullece vendrá a ser como nada comparado con lo que se les promete a los creyentes fieles.

Si se nos invitara a escribir hoy una carta semejante a nuestras iglesias, ¿qué les diríamos? ¿De qué elementos en nuestra sociedad y cultura nos enorgullecemos? ¿Deberíamos verlos de otro modo desde una perspectiva cristiana? ¿O los vemos como los ve también el resto de la sociedad?

Hay además otro elemento de sorpresa y de vuelco en esta carta. La ciudad de Esmirna era rica. En ella había una comunidad relativamente pobre de creyentes que sufrían no solamente pobreza, sino también alguna «tribulación» cuya naturaleza no se nos dice. Probablemente fuera presión política y social, pues el mensaje dice que algunos de ellos serán encarcelados y así probados. Pero ante todo esto la carta a los esmirniotas dice que los creyentes en esa ciudad son en verdad ricos, y que su tribulación pasará –a lo que se refiere la frase simbólica, «tendréis tribulación por diez días», que no son nada comparados con la eternidad–. A la postre quienes permanezcan firmes recibirán «la corona de la vida».

Esta perspectiva es muy pertinente para la iglesia de hoy. En muchas regiones del mundo, así como en los países más ricos, hay iglesias bien pobres. A veces los miembros de iglesias más ricas piensan que, como esas iglesias son pobres, no tienen mucho en que contribuir. Pero resulta interesante notar que el mensaje a la iglesia de Esmirna, que es pobre, es el más positivo de todos los siete mensajes. Esto debería llevar al menos a repensar el modo en que valoramos a las iglesias de hoy y sus miembros.

Por último, hay un tercer vuelco en este mensaje, un vuelco que también nos lleva a reflexionar sobre nuestra propia situación. La carta se refiere a «los que dicen que son judíos y no lo son, sino que son sinagoga de Satanás» (2:9). Es imposible saber quiénes eran estos «falsos judíos». Lo más probable es que hayan sido judíos que no estaban dispuestos a aceptar el mensaje cristiano, insistiendo en que los cristianos no eran verdaderos hijos de Abraham. Frente a esto, la iglesia antigua –y en este caso Juan– insistía en que ella era verdadera heredera de las promesas hechas a Abraham. Sabemos que en Esmirna había una fuerte comunidad judía, y naturalmente el mensaje cristiano, dirigido ante todo a los hijos de Israel, causaría profundas divisiones en esa comunidad.

Unas pocas décadas después de escribirse el Apocalipsis, Policarpo, el obispo de Esmirna, quien según la tradición había sido discípulo de Juan, murió como mártir. En las actas de ese martirio todavía encontramos señales de amargos conflictos entre judíos y cristianos. Según este documento, tras la muerte de Policarpo los judíos de la ciudad trataron de asegurarse de que los cristianos no pudieran reclamar su cuerpo, diciendo que probablemente lo esconderían y dirían que había resucitado, como lo habían hecho antes con Jesús. Como se ve en Apocalipsis 2:9, esa amarga enemistad había existido durante algún tiempo.

Tal enemistad tendría importantes consecuencias prácticas. Las autoridades romanas sabían acerca de los judíos y su fuerte convicción de no adorar dioses ajenos. De mala gana, esas autoridades habían decidido tolerar lo que les parecía ser un empecinamiento irrazonable por parte de los judíos, de modo que estos no tenían obligación de participar en las diversas ceremonias religiosas relacionadas con la vida social, económica y política. Mientras esas autoridades pensaran que el cristianismo era una secta judía más, su monoteísmo sería tolerado. Pero tan pronto como se le vio como una nueva religión el resultado fue una persecución creciente. Luego, los cristianos tenían dos razones para insistir en que en realidad eran judíos e hijos de Abraham: (1) la razón teológica, pues esto les permitía reclamar para sí las Escrituras hebreas, así como las promesas hechas a Abraham, y (2) la razón política, que les permitiría a los cristianos gozar de las mismas exenciones que los judíos habían alcanzado a través del tiempo. Pero desde el punto de vista judío, era importante distinguirse de los cristianos, no solamente por razones teológicas, sino también porque había el peligro de que los motines y disrupciones que la predicación cristiana frecuentemente acarreaba les fueran achacados al judaísmo en general. Todo esto nos ayuda a entender las palabras del mensaje a Esmirna referente a ciertos «falsos judíos» que en realidad son «sinagoga de Satanás».

Unos siglos después las circunstancias cambiaron drásticamente, de tal modo que ahora vinieron a ser los cristianos quienes gozaban del apoyo del estado y de la sociedad. Luego, si Juan tenía razón para quejarse de los judíos que no estaban dispuestos a proteger a los cristianos, sino que les rechazaban, también los cristianos de hoy debemos reconocer que, a través de los siglos y en algunos casos hasta hoy, los cristianos no solamente se han negado a proteger a los judíos, sino que también les han perseguido. Luego, debemos cuidar de no caer en el error de quienes han usado y siguen usando este pasaje y otros semejantes como excusa para seguir discriminando a los judíos.

## Pérgamo: Apocalipsis 2:12-17

¹²Y escribe al ángel de la iglesia en Pérgamo: El que tiene la espada aguda de dos filos dice esto:

¹³Yo conozco tus obras, y dónde moras, donde está el trono de Satanás; pero retienes mi nombre, y no has negado mi fe, ni aun en los días en que Antipas mi testigo fiel fue muerto

entre vosotros, donde mora Satanás. [14]Pero tengo unas pocas cosas contra ti: que tienes ahí a los que retienen la doctrina de Balaam, que enseñaba a Balac a poner tropiezo ante los hijos de Israel, a comer de cosas sacrificadas a los ídolos, y a cometer fornicación. [15]Y también tienes a los que retienen la doctrina de los nicolaítas, la que yo aborrezco. [16]Por tanto, arrepiéntete; pues si no, vendré a ti pronto, y pelearé contra ellos con la espada de mi boca. [17]El que tiene oído, oiga lo que el Espíritu dice a las iglesias. Al que venciere, daré a comer del maná escondido, y le daré una piedrecita blanca, y en la piedrecita escrito un nombre nuevo, el cual ninguno conoce sino aquel que lo recibe.

Pérgamo parece haber sido la sede de la administración romana en la provincia de Asia, aunque frecuentemente el gobernador residía en la ciudad más conveniente de Éfeso. Quizá sea por esto que el mensaje a la iglesia en Pérgamo le dice que «habitas donde está el trono de Satanás». Pero lo más probable es que esa frase se refiera a la intensidad del culto pagano en Pérgamo. La ciudad era famosa por un enrome templo de Zeus cuyas ruinas todavía se ven. En las afueras de la ciudad había un número de edificios dedicados al dios de la salud, Escolapio, donde la medicina y la religión se confundían. Pérgamo también se ufanaba por haber sido la primera ciudad de Asia en erigir un templo en honor al emperador. Luego, no ha de sorprendernos el que los cristianos en esa ciudad tuvieran que enfrentarse a grandes dificultades. Esto llegaba al punto que algún tiempo antes de que Juan escribiera el Apocalipsis un cristiano de nombre Antipas, de quien no sabemos nada más, pagó por su fe con su propia vida (2:13).

Bajo tales circunstancias, quienes sugerían que los creyentes se acomodaran más a la cultura circundante aparentemente llegaron a tener cierta influencia en la iglesia. Estos son los «nicolaítas» y «los que retienen la doctrina de Balaam». Ya nos hemos topado con ellos al estudiar el mensaje a la iglesia en Éfeso (2:1-7). Pero mientras la iglesia en Éfeso rechazaba tales ideas, la de Esmirna las aceptaba, o al menos las toleraba.

En ese contexto, se destaca lo que se dijo en la visión original de Jesús, que «de su boca salía una aguda espada de dos filos» (1:16). Esta es la Palabra de Dios, y a ella se refiere el mensaje a Pérgamo: «Pelearé contra ellos con la espada de mi boca».

La recompensa de quienes resultan vencedores es un «maná escondido» y una «piedrecita blanca». Lo primero es una referencia a la tradición del judaísmo tardío según la cual en el banquete celestial se comería de nuevo del maná, pan del cielo ahora compartido en el cielo y no en el desierto. Puesto que para los cristianos la comunión era un anticipo del banquete celestial, las palabras que estudiamos les recordarían a los creyentes en Pérgamo que al participar en la comunión, aun en medio de serias dificultades, estaban teniendo un atisbo, o un anticipo, del banquete de las bodas del Cordero. La piedrecita blanca es señal de victoria. En la antigüedad el blanco no era señal de pureza, como lo es hoy para nosotros, sino que era más bien símbolo de victoria. El nombre es señal de identidad. Esta piedrecita con un nombre nuevo es señal de la promesa de victoria y de una nueva realidad.

Pocos de nosotros hoy hemos experimentado las dificultades de tratar de llevar una vida cristiana en medio de un ambiente hostil. Pero también en nuestros días y en los ambientes más favorables tenemos que preguntarnos si no estamos tentados de hacer ajustes semejantes a los de aquellos nicolaítas. Lo que la sociedad considera bueno e importante viene a ser también lo que los creyentes consideramos bueno e importante. Si tal cosa era inaceptable para los creyentes en Pérgamo, aun cuando una postura recta pudiera costarles la muerte, ¿lo será para nosotros hoy, quienes nos enfrentamos a retos menos drásticos?

## *Tiatira: Apocalipsis 2:18-29*

[18]Y escribe al ángel de la iglesia en Tiatira: El Hijo de Dios, el que tiene los ojos como llamas de fuego, y pies semejantes al bronce bruñido, dice esto:

[19]Yo conozco tus obras, y amor, y fe, y servicio, y tu paciencia, y que tus obras postreras son más que las primeras. [20]Pero tengo unas pocas cosas contra ti: que toleras que esa mujer Jezabel, que se dice profetisa, enseñe y seduzca a mis siervos a fornicar y a comer cosas sacrificadas a los ídolos. [21]Y le he dado tiempo para que se arrepienta, pero no quiere arrepentirse de su fornicación. [22]He aquí, yo la arrojo en cama, y en gran tribulación a los que con ella adulteran, si no se arrepienten de las obras de ella. [23]Y a sus hijos heriré de muerte, y todas las iglesias sabrán que yo soy el que escudriña la mente y el corazón; y os daré a cada uno según vuestras obras. [24]Pero a vosotros y a los demás que están en Tiatira, a cuantos no tienen esa doctrina, y no han conocido lo que ellos llaman las profundidades de Satanás, yo os digo: No os impondré otra carga; [25]pero lo que tenéis, retenedlo hasta que yo venga. [26]Al que venciere y guardare mis obras hasta el fin, yo le daré autoridad sobre las naciones, [27]y las regirá con vara de hierro, y serán quebradas como vaso de alfarero; como yo también la he recibido de mi Padre; [28]y le daré la estrella de la mañana. [29]El que tiene oído, oiga lo que el Espíritu dice a las iglesias.

Tiatira era una ciudad próspera, aunque militarmente débil e indefensa. Se le conocía por sus industrias, particularmente el bronce, los artículos de cuero, la cerámica, los tejidos y los tintes para la ropa (recordemos que Lidia, la vendedora de tintes de púrpura que aparece en Hechos, era oriunda de Tiatira). Como era costumbre en aquellos tiempos —y en cierta medida lo es hoy también— quienes trabajaban en tales industrias se organizaban en gremios; y esos gremios consolidaban sus vínculos ofreciéndole culto y sacrificios al dios patrón de su oficio particular, y al emperador participando también en su culto. Aunque tales gremios eran legales, el Imperio Romano siempre temió las asociaciones privadas, pues podían ser sede de conspiraciones y de subversión.

La situación de los cristianos sería difícil en una pequeña ciudad como Tiatira, donde era importante pertenecer a un gremio para poder subsistir económicamente. Luego, no ha de sorprendernos el que hubiera allí fuertes tendencias hacia el acomodo con la sociedad circundante. ¿Qué daño podría haber en unirse a un gremio y participar de sus celebraciones religiosas, si con eso era posible ganarse la vida?

La carta a Tiatira, como la que va dirigida a Pérgamo, contrasta fuertemente con la de Éfeso. Los efesios rechazaban las enseñanzas de los nicolaítas, pero habían flaqueado en su amor. La iglesia de Tiatira recibe encomios por sus obras, su amor, su fe, su servicio y su perseverancia. Lo que es más, mientras el amor de los efesios parece haberse enfriado, las últimas obras de los creyentes en Tiatira «son superiores a las primeras». En otras palabras, se han movido en una dirección completamente opuesta a la de sus hermanos en Éfeso, pues están sucumbiendo a los atractivos del mundo que les rodea al punto de caer en idolatría.

Es probablemente a esto a lo que se refieren las palabras «esa mujer, Jezabel», y es la misma clase de enseñanza que en los mensajes a otras iglesias aparecen como los nicolaítas y quienes siguen el camino de Balaam. En este caso particular, parece que su líder era una mujer a quien Juan llama Jezabel —el cual no sería su verdadero nombre— para relacionarla con la famosa reina de Israel que llevó al pueblo por malos caminos (cf. su historia en 1 R 18:19 y en 2 R 9:10). Como en el caso de Jezabel, la «fornicación» probablemente no se refiera a inmoralidad sexual, sino al culto a los ídolos, lo que toda la tradición de los profetas de Israel consideraba adulterio contra Dios.

El conflicto con esta supuesta Jezabel aparentemente lleva-ba algún tiempo, pues el mensaje dice «le he dado tiempo para que se arrepienta». Ahora tanto ella como sus seguidores serán arrojados en una cama de sufrimiento, lo cual es un contraste irónico con las camas de sus adulterios. Y el fin de todo será su muerte. Todo esto será bien merecido, pues «el que tiene ojos como llamas de fuego» es quien afirma: «Os daré a cada uno según vuestras obras».

Pero esto no quiere decir que no quede esperanza en Tia-tira, o que todos estén perdidos. Al contrario, esta carta, como las demás, termina con palabras de promesa y de esperanza. Quien resulte vencedor en todo esto tendrá «autoridad sobre las naciones», es decir, estará cercano al Mesías a quien ha sido dada toda potestad tanto en el cielo como en la tierra (Mt 28:18).

En breve, mientras el mensaje a Éfeso les advierte a los creyentes de los peligros de una ortodoxia sin amor, el mensaje a Tiatira les advierte de los peligros de un amor «suave» que lo tolera todo y no emite juicio. Una vez más, tenemos aquí un mensaje altamente apropiado para la iglesia de nuestros días.

## Sardis: Apocalipsis 3:1-6

[1]Escribe al ángel de la iglesia en Sardis: El que tiene los siete espíritus de Dios, y las siete estrellas, dice esto:

Yo conozco tus obras, que tienes nombre de que vives, y estás muerto. [2]Sé vigilante, y afirma las otras cosas que están para morir; porque no he hallado tus obras perfectas delante de Dios. [3]Acuérdate, pues, de lo que has recibido y oído; y guár-dalo, y arrepiéntete. Pues si no velas, vendré sobre ti como ladrón, y no sabrás a qué hora vendré sobre ti. [4]Pero tienes unas pocas personas en Sardis que no han manchado sus ves-tiduras; y andarán conmigo en vestiduras blancas, porque son

59

dignas. [5]El que venciere será vestido de vestiduras blancas; y no borraré su nombre del libro de la vida, y confesaré su nombre delante de mi Padre, y delante de sus ángeles. [6]El que tiene oído, oiga lo que el Espíritu dice a las iglesias.

Continuamos rumbo al sudeste por la misma carretera que nos llevó desde Pérgamo a Tiatira, y por ella llegamos a Sardis. Más adelante el mismo camino nos llevará primero a Filadelfia y luego a Laodicea.

Sardis era una ciudad relativamente próspera que sin embargo había perdido algo de su lustre. En el siglo VI antes de Cristo había vivido en ella el fabulosamente rico Creso, por cuya fama todavía hoy se dice que alguien es «tan rico como Creso». En tiempos del Apocalipsis, Sardis era todavía relativamente rica, porque en ella se cruzaban varias rutas comerciales, y porque las tierras llanas bajo la colina de la ciudad misma eran fértiles. En resumen, Sardis sería un lugar relativamente cómodo donde vivir, pero sin mucho atractivo particular. La ciudad misma, construida como era costumbre sobre una colina, estaba bien fortificada, y nunca fue tomada por asalto. Pero eso no siempre la protegió, pues tanto en el 549 como en el 195 a.C. fue conquistada mediante la astucia de sus enemigos.

El mensaje a Sardis muestra una iglesia muy semejante a la ciudad misma. Había visto mejores tiempos y ahora sencillamente continuaba en su rutina normal, confiando en sus glorias pasadas. No tenía mayores problemas. No se menciona aquí a Balaam, a Jezabel, a los nicolaítas, a la idolatría, ni siquiera se habla de oposición a la iglesia. Pero, así y todo, ¡las cosas no marchaban bien! Las palabras del mensaje a esta iglesia son fuertes: «Tienes nombre de que vives, y estás muerto».

La complacencia de la iglesia de Sardis se compara sutilmente con la complacencia de la ciudad cuando confiada en sus fortificaciones se vio conquistada por el enemigo: «Si no velas, vendré sobre ti como ladrón y no sabrás a qué hora vendré sobre ti» (compárese esto con Mt 24:42-44; Lc 12:39-40; 1 Ts 5:2-4; 2 P 3:10; y Ap 16:15). La única solución para tal iglesia, como para una ciudad que el enemigo intenta conquistar, es ser vigilante (3:2).

Pero no todos en Sardis habían caído en ese estupor. Todavía quedaban quienes «no han manchado sus vestiduras». Tales personas reciben la promesa de andar con el Señor «en vestiduras blancas» –recordemos que el blanco era señal de victoria–. El mensaje para el resto de la iglesia es que, si esas otras personas también despiertan, se arrepienten y vencen, recibirán las mismas vestiduras blancas, su nombre quedará en el «libro de la vida», y Cristo confesará su nombre delante del Padre y de sus ángeles, es decir, intercederá por ellas. El «libro de la vida» aparece repetidamente en el Apocalipsis. Se le menciona de nuevo en 13:8; 17:8; 20:12, 15 y 21:27. Pablo también se refiere a él en Flp 4:3. Esta imagen se refiere a la práctica de hacer listas con los nombres de quienes tenían derecho a entrar en algún lugar, o de gozar de ciertos privilegios. Algo parecido hoy son las listas electorales. Si su nombre no aparece en ellas, usted no puede votar.

En todo esto hay alusiones que constantemente les recordarían su bautismo a los lectores. La palabra misma, «nombre», aparece repetidamente. Tienen nombre de vivos. En 3:4, donde la RVR dice «unas pocas personas», el griego dice literalmente «unos pocos nombres». Se habla además del nombre escrito en el libro de la vida, y del nombre que Jesús confesará ante el Padre y sus ángeles. Desde tiempos antiguos había una relación estrecha entre el bautismo y el nombre. No que, como hoy, se le llamara al primer nombre de una persona su «nombre de pila», o que fuera en el bautismo que se les llamara Juan, Marta o Felipe, sino que en el bautismo se sellaba a los creyentes con el nombre de Jesucristo, de modo que a partir de entonces se llamaban «cristianos» (unos pocos años después de escrito el Apocalipsis, el gobernador romano de una provincia cercana –Plinio del Joven– le escribió al Emperador preguntando si a los cristianos se les debía castigar por algún crimen específico, o solamente por el «nombre». Y al mismo tiempo muchos mártires cristianos declaraban que estaban dispuestos a morir «por el nombre» de Jesús).

Pero aun más que en el uso del término «nombre», las alusiones bautismales se ven también en las repetidas referencias a vestiduras blancas y otras manchadas. En la iglesia antigua era costumbre –aunque no se sabe desde qué fecha– al salir los neófitos de las aguas bautismales, vestirle con nuevas túnicas blancas en señal de una nueva vida de victoria. Luego, lo que el mensaje a Sardis dice es que quienes han quedado adormecidos deben recordar lo que han «recibido y oído» (3:3), particularmente en su bautismo, y arrepentirse (lo que nos recuerda que cuando Martín Lutero se sentía fuertemente asediado por el Maligno sencillamente clamaba, en tono de defensa, «estoy bautizado»).

La iglesia en Sardis se parece mucho a algunas de las nuestras hoy. Una rápida mirada basta para ver iglesias en las que parece haber mucha vida, pero que en realidad están durmiendo sobre los laureles de glorias pasadas, como aquellos centinelas en Sardis que debieron sentirse seguros y dejarse adormecer antes que la ciudad cayera en manos de sus enemigos. En tales iglesias todo parece marchar bien. Y, sin embargo, ¡todo anda mal! ¿Qué podemos hacer en tales casos? La llamada a la iglesia de Sardis sigue siendo válida: «Acuérdate, pues de lo que has recibido y oído; guárdalo y arrepiéntete».

## Filadelfia: Apocalipsis 3:7-13

[7]Escribe al ángel de la iglesia en Filadelfia: Esto dice el Santo, el Verdadero, el que tiene la llave de David, el que abre y ninguno cierra, y cierra y ninguno abre:

[8]Yo conozco tus obras; he aquí, he puesto delante de ti una puerta abierta, la cual nadie puede cerrar; porque aunque tienes poca fuerza, has guardado mi palabra, y no has negado mi nombre. [9]He aquí, yo entrego de la sinagoga de Satanás a los que se dicen ser judíos y no lo son, sino que mienten; he aquí, yo haré que vengan y se postren a tus pies, y reconozcan que yo te he amado. [10]Por cuanto has guardado la palabra de mi paciencia, yo también te guardaré de la hora de la prueba que ha de venir sobre el mundo entero, para probar a los que moran sobre la tierra. [11]He aquí, yo vengo pronto; retén lo que tienes, para que ninguno tome tu corona. [12]Al que venciere, yo lo haré columna en el templo de mi Dios, y nunca más saldrá de allí; y escribiré sobre él el nombre de mi Dios, y el nombre de la ciudad de mi Dios, la nueva Jerusalén, la cual desciende del cielo, de mi Dios, y mi nombre nuevo. [13]El que tiene oído, oiga lo que el Espíritu dice a las iglesias.

Filadelfia era una ciudad relativamente pequeña, fundada por colonos griegos con el propósito de afianzar la cultura y autoridad griegas en la región. También había en ella una comunidad judía numerosa y aparentemente influyente que insistía en que los cristianos no eran verdaderos hijos de Abraham. El conflicto con la sinagoga ocupa buena parte del mensaje a la iglesia de Filadelfia, y es semejante al que ya hemos visto en el mensaje a Esmirna (cf. el comentario a 2:8-11). Aparentemente el conflicto no terminó en tiempos de Juan, pues unos quince años más tarde el obispo Ignacio de Antioquía, en una carta dirigida a los creyentes en esa ciudad, les advierte contra «las interpretaciones sobre el judaísmo» (Ignacio, *Ep. a los filadelfios*, 6.1). Pero lo que Ignacio dice no va dirigido contra los judíos mismos, sino más bien contra quienes en la iglesia interpretaban el evangelio en los términos que entonces se llamaban «judaizantes».

El mensaje del Señor a los filadelfios, como el que les envía a los esmirniotas, no incluye palabras de crítica o condenación, sino solamente de elogio y promesa. La descripción de Cristo, a diferencia de las otras cartas, no proviene directamente de la gran visión inicial de Jesucristo. Va dirigido más bien al tema del conflicto con la sinagoga. Cristo es «el Santo, el Verdadero». Estos eran títulos que un buen judío le daría únicamente a Dios. Luego, el mensaje del Señor a los creyentes en Filadelfia es una afirmación de la autoridad final y absoluta de Cristo.

En 1:18 se afirma que Jesucristo tiene «las llaves de la muerte y del Hades». Ahora se añade la contraparte de esa afirmación: Jesucristo también tiene «la llave de David» con la que puede determinar quién ha de entrar al reino mesiánico. Con esta llave ha puesto a los filadelfios ante «una puerta abierta, la cual nadie puede cerrar». Aunque en otros contextos la imagen de una puerta abierta se refiere a oportunidades misioneras (cf. por ejemplo Hch 14:27 y 2 Cor 2:12), aquí es más bien una palabra de consuelo para quienes ahora se ven excluidos de la sinagoga, y se les dice que no tienen parte con el pueblo de Dios. También es importante la promesa de que los vencedores serán como columnas en el templo de Dios, y «nunca más saldrán de allí», es decir, no podrán ser expulsados. En el Templo de Jerusalén no se les permitía entrar a los gentiles. Pero ahora, en este nuevo templo que Jesús promete, estos cristianos rechazados y excluidos de la sinagoga, tendrán un lugar tan seguro y permanente como el de una columna inmovible.

Lo que es más, Cristo dice, «Escribiré sobre él el nombre de mi Dios y el nombre de la ciudad de mi Dios». Cuando se construía algún templo en la antigüedad, a veces se inscribía en una columna el nombre de algún donante rico para hacer ver que la columna misma estaba allí gracias a la contribución del donante. Tales inscripciones podían incluir el nombre de la ciudad junto al nombre del dios a quien se dedicaba la construcción. ¡Y ahora se les dice a los creyentes no solo que Cristo tiene la llave que garantiza su admisión al templo y que morarán permanentemente en el templo, sino también ¡que llevarán una inscripción que declarará que han sido puestos ahí nada menos que por Dios mismo!

En el centro de la carta (v. 9), hay unas palabras que pueden parecer extremadamente fuertes en las que se promete que quienes ahora se oponen a los creyentes no son verdaderos judíos y a la postre el Señor hará «que vengan y se postren a tus pies reconociendo que yo te he amado». Lo que Juan hace aquí es repetir lo que los antiguos profetas de Israel habían dicho sobre quienes molestaban y oprimían a Israel. Véase, por ejemplo, Is 60:14: «Y vendrán a ti humillados los hijos de los que te afligieron, y a las plantas de tus pies se encorvarán todos los que te despreciaban». Cualquiera que oprima a los demás verá un gran vuelco. De igual modo, quienes se creen escogidos de Dios y por esa razón oprimen a otros, ¡cuidado, no sea que ellos mismos queden fuera, mientras quienes estaban fuera puedan entrar!

## *Laodicea: Apocalipsis 3:14-22*

[14]Y escribe al ángel de la iglesia en Laodicea: He aquí el Amén, el testigo fiel y verdadero, el principio de la creación de Dios, dice esto:

[15]Yo conozco tus obras, que ni eres frío ni caliente. ¡Ojalá fueses frío o caliente! [16]Pero por cuanto eres tibio, y no frío ni caliente, te vomitaré de mi boca. [17]Porque tú dices: Yo soy rico, y me he enriquecido, y de ninguna cosa tengo necesidad; y no sabes que tú eres un desventurado, miserable, pobre, ciego y desnudo. [18]Por tanto, yo te aconsejo que de mí compres oro refinado en fuego, para que seas rico, y vestiduras blancas para

vestirte, y que no se descubra la vergüenza de tu desnudez; y unge tus ojos con colirio, para que veas. [19]Yo reprendo y castigo a todos los que amo; sé, pues, celoso, y arrepiéntete. [20]He aquí, yo estoy a la puerta y llamo; si alguno oye mi voz y abre la puerta, entraré a él, y cenaré con él, y él conmigo. [21]Al que venciere, le daré que se siente conmigo en mi trono, así como yo he vencido, y me he sentado con mi Padre en su trono. [22]El que tiene oído, oiga lo que el Espíritu dice a las iglesias.

Laodicea, la última ciudad que visitaría el emisario que llevaba el mensaje de Juan a las iglesias, era una ciudad rica. Sus riquezas eran tales que cuando un terremoto la destruyó, unos 35 años antes de que Juan escribiera el Apocalipsis, sus habitantes rechazaron toda ayuda imperial y reconstruyeron la ciudad con sus propios recursos. En el año 100, unos pocos años después de la visión de Juan en Patmos, otro terremoto volvió a destruir la ciudad, y una vez más sus habitantes la reconstruyeron por cuenta propia.

Muchas eran las fuentes de las riquezas y la fama de la ciudad. Pero tres de ellas se destacaban: los bancos y la administración de fondos, un producto conocido como «polvo frigio» con el que se producía un famoso colirio para los ojos, y una lustrosa lana negra con la que se producían lujosas vestimentas de ese color.

Lo único de que la ciudad carecía era de buenos pozos de agua potable. A poca distancia hacia el sudeste estaba Colosas, famosa por sus frescas fuentes de agua. Hacia el norte, al otro lado del estrecho valle del río Lico, todavía pueden verse desde las ruinas de Laodicea otras ruinas más imponentes de la ciudad de Hierápolis, así como los blancos farallones que hoy se conocen como «Pamukkale», o el «castillo de algodón». Hierápolis era famosa por sus aguas termales, a las que acudían centenares de visitantes en busca de curas para una gran variedad de dolencias. Las aguas termales que brotaban de Hierápolis, al descender por las laderas de Pamukkale, dejaban los hermosos depósitos de minerales que le valieron a esa montaña el nombre de «castillo de algodón». Esa agua se llevaba por un sistema de acueductos a Laodicea, donde todavía se ven señales de ese sistema. Pero cuando llegaban a Laodicea esas aguas tan apreciadas en Hierápolis eran tibias, y su alto contenido mineral las hacía casi nauseabundas.

Todo esto es el trasfondo del mensaje devastador que se envía a la iglesia de Laodicea. Al parecer, esa iglesia no tenía grandes problemas; ¡y ese era precisamente su problema! El mensaje empieza con una alusión poco velada al principal defecto de la ciudad, sus aguas tibias: «... ni eres frío ni caliente. ¡Ojalá fueras tibio o caliente! Pero por cuanto eres tibio y no frío ni caliente, te vomitaré de mi boca».

Entonces el mensaje empieza a referirse a algunos de los motivos de orgullo de la ciudad y a darles otro giro: «Tú dices: yo soy rico, me he enriquecido y de nada tengo necesidad. Pero no sabes que eres desventurado, miserable, pobre, ciego y estás desnudo». La ciudad que es un centro bancario es miserable y pobre. La ciudad famosa por su colirio para los ojos y por su fina lana negra está ciega y desnuda. La única solución para los creyentes es no confiar más en tales cosas, ni en sus propios recursos y riquezas, ni en su fina lana y su famoso colirio. Por eso el mensaje le aconseja «que compres de mí oro refinado en el fuego para que seas rico, y vestiduras blancas para vestirte, para que no se descubra la vergüenza de tu desnudez. Y unge tus ojos con colirio para que veas».

El versículo que sigue (3:19) incluye la única nota positiva en todo el mensaje: «Yo reprendo y castigo a los que amo». En otras palabras, el mensaje a Laodicea, con todo y ser fuerte, es resultado del amor del Señor. Si la iglesia de Laodicea se arrepiente, se le perdonará.

El versículo 20 —«Yo estoy a la puerta y llamo...»—invita a una lectura más cuidadosa.

Esas palabras han inspirado famosas pinturas y hermosos vitrales, así como hermosos poemas. Uno de ellos en nuestra lengua es el soneto de Lope de Vega que empieza diciendo:

> ¿Qué tengo yo que mi amistad procuras?
> ¿Qué interés se te sigue, Jesús mío,
> que a mi puerta, cubierto de rocío
> pasas las noches del invierno oscuras?

En la casi totalidad de tales obras de arte y de literatura, el pasaje se interpreta como una invitación personal a abrirle a Cristo la puerta del alma o del corazón, y como promesa de la íntima amistad que resultará. Pero lo más probable es que en su sentido original el pasaje no se refiera a eso, sino a la comunión. Y es entonces otra palabra dura contra la iglesia de Laodicea. Mientras esa iglesia se reúne para celebrar la Cena del Señor, ¡el Señor mismo está a la puerta, esperando que le abran! ¡El llamado a que le abran la puerta indica que se ha excluido al Señor de la Cena que se celebra en su nombre!

Al terminar de leer y estudiar los mensajes a estas siete iglesias, la principal pregunta que debemos hacernos es, ¿qué clase de mensaje les enviaría hoy el Señor a nuestras iglesias? ¿Nos alabaría por nuestra estricta ortodoxia al tiempo que nos criticaría por nuestra falta de amor, como a los efesios? ¿O nos alabaría por nuestro amor, pero censuraría nuestra falta de convicciones y nuestra prontitud a llegar a componendas con los valores de la sociedad circundante, como a la iglesia de Tiatira? ¿Recibiríamos palabras de encomio y de consuelo ante las dificultades a que nos enfrentamos, como los creyentes en Esmirna? ¿Nos diría que, aunque otros nos desprecien y traten como a extraños, a la postre estaremos en el templo mismo de Dios, como les dijo a los de Filadelfia? ¿Nos diría que estamos adormecidos, reposando en nuestros logros, y que raramente cumplimos los votos de nuestro bautismo, como a la iglesia de

Sardis? O, lo peor de todo, ¿nos diría, como a los de Laodicea, que aunque pensamos que somos ricos y que tenemos toda suerte de recursos, de modo que cubrimos todas nuestras necesidades, en realidad somos pobres, miserables y desnudos?

Por último, al concluir nuestro estudio de los mensajes a las siete iglesias, es necesario recordar que todo el Apocalipsis iba originalmente dirigido a esas mismas iglesias. Luego, adentrémonos en el estudio del Apocalipsis teniendo en mente por una parte las virtudes y faltas de aquellas siete iglesias y por otra las virtudes y faltas de nuestras propias iglesias.

# CAPÍTULO III

## El culto celestial: Apocalipsis 4:1–5:14

El escenario de los tres primeros capítulos fue la tierra. Juan estaba en Patmos, donde tuvo una visión y recibió el mandato de compartirla con las siete iglesias en Asia. Ahora el escenario cambia radicalmente, y Juan es transportado al cielo. A partir de aquí, buena parte de lo que Juan describe tiene lugar en el cielo, aunque sin perder su conexión directa con lo que sucede en la tierra. Lo que Juan verá es también parte de lo que se le mandó: «Escribe en un libro lo que ves y envíalo a las siete iglesias» (1:11).

Como introducción a esta visión celestial, Juan describe el culto que tiene lugar en el cielo. Primero se ocupa del culto en torno al trono de Dios (cap. 4), y luego en torno al Cordero, quien también es digno de adoración (cap. 5).

## *El culto en torno al trono: Apocalipsis 4:1-11*

[1]Después de esto miré, y he aquí una puerta abierta en el cielo; y la primera voz que oí, como de trompeta, hablando conmigo, dijo: Sube acá, y yo te mostraré las cosas que sucederán después de estas. [2]Y al instante yo estaba en el Espíritu; y he aquí, un trono establecido en el cielo, y en el trono, uno sentado. [3]Y el aspecto del que estaba sentado era semejante a piedra de jaspe y de cornalina; y había alrededor del trono un arco iris, semejante en aspecto a la esmeralda. [4]Y alrededor del trono había veinticuatro tronos; y vi sentados en los tronos a veinticuatro ancianos, vestidos de ropas blancas, con coronas de oro en sus cabezas. [5]Y del trono salían relámpagos y truenos y voces; y delante del trono ardían siete lámparas de fuego, las cuales son los siete espíritus de Dios.

[6]Y delante del trono había como un mar de vidrio semejante al cristal; y junto al trono, y alrededor del trono, cuatro seres vivientes llenos de ojos delante y detrás. [7]El primer ser viviente era semejante a un león; el segundo era semejante a un becerro; el tercero tenía rostro como de hombre; y el cuarto era semejante a un águila volando. [8]Y los cuatro seres vivientes tenían cada uno seis alas, y alrededor y por dentro estaban llenos de ojos; y no cesaban día y noche de decir: ¡Santo, santo, santo es el Señor Dios Todopoderoso, el que era, el que es, y el que ha de venir! [9]Y siempre que aquellos seres vivientes dan gloria y honra y acción de gracias al que está sentado en el trono, al que vive por los siglos de los siglos, [10]los veinticuatro ancianos se postran delante del que está sentado en el trono, y adoran al que vive por los siglos de los siglos, y echan sus coronas delante del trono, diciendo: [11]«Señor, digno eres de recibir la gloria y la honra y el poder; porque tú creaste todas las cosas, y por tu voluntad existen y fueron creadas».

El pasaje empieza con el cambio de escena al que ya nos hemos referido. El profeta ve una puerta abierta que lleva al cielo y escucha una voz semejante a la que escuchó antes (1:10) que le dice «¡Sube acá y yo te mostraré las cosas que pasarán después de estas!». Una vez más, como antes (1:19), esto se refiere a los sufrimientos que la iglesia experimentará, y a la gran contienda que llevará al triunfo final de Dios. Sin embargo, aquí el énfasis recae en la relación entre lo que ocurre en la tierra y lo que ocurre en el cielo.

«Al instante, estando yo en el Espíritu...», dice el profeta. Esto quiere decir que no ascendió físicamente al cielo, sino más bien en una visión, en un éxtasis. Lo que allí ve nos recuerda la primera visión de Ezequiel (Ez 1). Pero mientras Ezequiel se mueve desde los márgenes hacia el centro, hasta llegar por fin al trono de Dios, la visión de Juan es inmediatamente y ante todo del que estaba sentado en el trono.

Este es Dios. Esto se nos dice claramente en 7:11, donde «todos los ángeles que estaban en pie alrededor del trono... se postraron delante del trono y adoraron a Dios». Pero Juan tenía un sentido profundo de la majestad divina, y por tanto no pretende describir al que estaba sentado sobre el trono. Prefiere más bien darnos atisbos de la gloria divina, diciendo que su apariencia «era semejante a una piedra de jaspe y de cornalina», y que «alrededor del trono había un arco iris semejante en apariencia a la esmeralda». Esta última imagen inmediatamente les recordaría a los lectores la promesa de Dios a Noé de estar presente aun en medio de la tormenta.

Tras mirar al trono, la atención de Juan se torna hacia quienes lo rodean. Hay otros 24 tronos –que aparentemente serían menores que el trono de Dios– y en ellos están sentados igual número de ancianos. Estos llevan coronas de oro y visten ropas blancas, lo que, como hemos visto, es señal de victoria. Pero todavía el trono de Dios es el centro de todo el escenario, pues de él «salían relámpagos, truenos y voces», lo que nos recuerda la revelación de Dios en el Monte Sinaí (Ex 19:16). Una vez más, como en 1:4, los «siete espíritus» probablemente sean un modo de referirse a la plenitud del Espíritu de Dios –aunque algunos intérpretes sostienen que son los siete ángeles que según la tradición judía son los siervos más cercanos a Dios–. Según la interpretación más común –y también la más probable– los 24 ancianos representan al pueblo de Dios, con las doce tribus de Israel y los doce apóstoles.

Aunque para nosotros hoy la imagen de un mar de vidrio nos hace pensar ante todo en un mar en calma, lo que los antiguos verían en ella sería muy diferente. En aquellos tiempos era muy difícil producir vidrio, y mucho más difícil todavía producirlo en grandes pedazos. Luego, esta imagen de un mar de vidrio sería señal de inmensa riqueza y gloria, como lo serían también las referencias al jaspe, la cornalina, los relámpagos y los truenos. Y lo que es más, en todo el Apocalipsis el mar se nos presenta como símbolo del caos y del mal que a la postre desaparecerán (21:1: «Y el mar ya no existía más»). Es posible que este mar de vidrio sea el mismo «mar de viento mezclado con fuego» que aparece en 15:2.

Los «cuatro seres vivientes llenos de ojos por delante y por detrás» nos recuerdan la visión de Ezequiel (Ez 1:18). Hay, sin embargo, una pequeña diferencia: en Ezequiel cada uno de esos seres tiene cuatro rostros –rostro humano, de león, de buey y de águila–. En el Apocalipsis uno de los seres es como un león, otro como un buey, y así sucesivamente. Probablemente estos cuatro seres representen todos los seres vivientes, puesto que había una tradición rabínica según la cual el principal de entre los animales salvajes es el león, el principal entre los domésticos es el buey, la principal entre todas las aves es el águila, y por encima de todos está el ser humano. Luego, los cuatro seres vivientes traen ante el trono la adoración de toda la creación.

Después de esto, el modelo para la visión de Juan no es ya la de Ezequiel 1, sino más bien la de Isaías 6:2-3, donde el profeta dice que vio serafines junto al trono de Dios, cada uno con seis alas, quienes entonaban un himno semejante al que vemos en Apocalipsis: «¡Santo, santo, santo, Jehová de los ejércitos! ¡Toda la tierra está llena de tu gloria!». En el Apocalipsis, los cuatro seres vivientes, como los serafines de Isaías, cantan: «¡Santo, santo, santo...!».

Ahora se nos presenta una antífona celestial, pues el canto de los cuatro seres vivientes recibe por respuesta el canto de los 24 ancianos, quienes «echan sus coronas delante del trono» y cantan, «Señor, digno eres de recibir la gloria, la honra y el poder...».

Aunque hoy no lo notemos, cuando estas palabras se escribieron tenían fuertes connotaciones políticas. Cuando Tiridates, rey de aquella región, se vio en la necesidad de mostrarle su pleitesía al emperador Nerón (unas tres décadas antes del exilio de Juan en Patmos) lo hizo colocando su corona a los pies de Nerón. Y, según lo que cuenta el historiador romano Suetonio, en tiempos del Apocalipsis el emperador Domiciano empezó a exigir que se le llamase «señor y dios» –*dominus et deus*–. En contraste con todo esto, los veinticuatro ancianos «echan sus coronas delante del trono» de Dios. A la alabanza de los cuatro seres vivientes que proclaman al que está en el trono como «Dios», los 24 ancianos responden proclamándole «Señor». Luego, el pasaje implica que hasta las más excelsas y poderosas cortes humanas son como nada si se les compara con la corte celestial, y que los efímeros reinados presentes no pueden compararse con el reinado de quien está sentado en el trono celestial. Y esto se hace mediante alusiones veladas tanto a Nerón, quien ya había muerto, como a Domiciano, quien todavía reinaba y se declaraba a sí mismo «señor y dios».

Si unimos lo que Juan dice aquí sobre la adoración celestial con lo que nos dice también acerca de las iglesias en Asia, vemos que muy por encima de todas las dificultades presentes, y tras la vida de la iglesia en la tierra con todas sus ambigüedades, está la adoración eterna que tiene lugar en el cielo, y que por encima de todos los gobernantes y reyezuelos de turno está el Señor Dios Todopoderoso.

Todo este pasaje ha servido de inspiración para muchos himnos cristianos. Uno de los más conocidos es el comúnmente llamado «Santo, santo, santo», que entre sus muchas referencias a este pasaje incluye las siguientes:

Santo, Santo, Santo, en numeroso coro
santos escogidos te adoran sin cesar
de alegría llenos, y sus coronas de oro
rinden ante el trono y el cristalino mar.

## El rollo y el Cordero: Apocalipsis 5:1-14

[1]Y vi en la mano derecha del que estaba sentado en el trono un libro escrito por dentro y por fuera, sellado con siete sellos. [2]Y vi a un ángel fuerte que pregonaba a gran voz: ¿Quién es digno de abrir el libro y desatar sus sellos? [3]Y ninguno, ni en el cielo ni en la tierra ni debajo de la tierra, podía abrir el libro, ni aun mirarlo. [4]Y lloraba yo mucho, porque no se había hallado a ninguno digno de abrir el libro, ni de leerlo, ni de mirarlo. [5]Y uno de los ancianos me dijo: No llores. He aquí que el León de la tribu de Judá, la raíz de David, ha vencido para abrir el libro y desatar sus siete sellos.

[6]Y miré, y vi que en medio del trono y de los cuatro seres vivientes, y en medio de los ancianos, estaba en pie un Cordero como inmolado, que tenía siete cuernos, y siete ojos, los cuales son los siete espíritus de Dios enviados por toda la tierra. [7]Y vino, y tomó el libro de la mano derecha del que estaba sentado en el trono. [8]Y cuando hubo tomado el libro, los cuatro seres vivientes y los veinticuatro ancianos se postraron delante del Cordero; todos tenían arpas, y copas de oro llenas de incienso, que son las oraciones de los santos; [9]y cantaban un nuevo cántico, diciendo: Digno eres de tomar el libro y de

abrir sus sellos; porque tú fuiste inmolado, y con tu sangre nos has redimido para Dios, de todo linaje y lengua y pueblo y nación; [10]y nos has hecho para nuestro Dios reyes y sacerdotes, y reinaremos sobre la tierra. [11]Y miré, y oí la voz de muchos ángeles alrededor del trono, y de los seres vivientes, y de los ancianos; y su número era millones de millones, [12]que decían a gran voz: El Cordero que fue inmolado es digno de tomar el poder, las riquezas, la sabiduría, la fortaleza, la honra, la gloria y la alabanza. [13]Y a todo lo creado que está en el cielo, y sobre la tierra, y debajo de la tierra, y en el mar, y a todas las cosas que en ellos hay, oí decir: Al que está sentado en el trono, y al Cordero, sea la alabanza, la honra, la gloria y el poder, por los siglos de los siglos. [14]Los cuatro seres vivientes decían: Amén; y los veinticuatro ancianos se postraron sobre sus rostros y adoraron al que vive por los siglos de los siglos.

Continúa la visión ante el trono celestial. Pero ahora la atención se dirige hacia «un libro escrito por dentro y por fuera, sellado con siete sellos». La palabra que el original griego emplea quiere decir sencillamente «libro», y puede referirse a cualquier escrito algo extenso que puede tomar diversas formas. La más común en la antigüedad era la de un rollo. Pero también había «códices», es decir, libros con varias hojas cosidas, como los libros de hoy. Y en algunos casos eran un papel doblado en forma de abanico. Lo más probable es que sea a esta última clase de libro que se refiera la visión, pues en tal abanico podían sellarse varias páginas juntas de tal modo que al romper un sello pudiera leerse parte del libro, pero no otra parte sellada por otro sello. Puesto que el número siete es señal de plenitud y perfección, el número de sellos en este libro es indicio de que contiene toda la historia de los designios de Dios. Pero también es cierto que en algunos casos la ley romana exigía que un testamento llevase siete sellos. Luego, quien escuchara las palabras de Juan entendería que el libro contiene la completa y eterna voluntad de Dios para su creación.

Al leer todo el Apocalipsis, veremos que hay una conexión entre lo que ocurre en el escenario celestial y lo que tiene lugar en la tierra. El abrir el libro no es solamente enterarse de lo que contiene o de lo que sucederá, sino que es desenlazar esos acontecimientos a que el libro se refiere. Por eso es que resultaba tan difícil encontrar a alguien «digno de abrir el libro y desatar sus sellos». Lo que se desata no es solamente los sellos del libro, sino toda una serie de acontecimientos. Lo que se desata es el curso mismo de la historia. Por eso Juan dice que lloraba mucho. No es meramente cuestión de curiosidad frustrada, como si lo que Juan quisiera fuera enterarse de lo que el libro dice, sino que es más bien que Juan sabe que si no hay quien abra el libro los designios de Dios no avanzarán.

Pero uno de los ancianos le dice a Juan que no llore, porque «el León de la tribu de Judá [cf. Gn 49:9-10], la raíz de David [cf. Is 11:1-10]» –títulos que se refieren a Jesucristo– «ha vencido para abrir el libro». Aquí vemos otra vez la relación entre el escenario de la tierra y el del cielo. Jesucristo «ha vencido». No se trata de una esperanza futura. La muerte y resurrección de Jesús, que tuvieron lugar sobre la tierra, le han capacitado para abrir el libro. La historia puede continuar hasta llegar al cumplimiento de los designios divinos porque Jesús «ha vencido».

Juan mira y, ¿qué ve? Que «en medio de los ancianos estaba en pie un Cordero como inmolado». ¡El León de Judá es un Cordero! ¡Y un Cordero inmolado! Los lectores de hoy, que posiblemente hayamos leído o escuchado este pasaje varias veces, no vemos lo sorprendente de lo que Juan está diciendo. El León es un Cordero muerto. El gran poder de Dios se manifiesta en la aparentemente debilidad de un cordero que estuvo muerto. En el centro mismo de la victoria de Dios, por encima de todo lo demás que podamos leer en el Apocalipsis, está esta victoria en la que se combinan la debilidad de la cruz y el poder de la resurrección.

El cordero tiene siete cuernos y siete ojos. Si lo tomamos literalmente, nos imaginaremos un cordero deforme y hasta monstruoso. Para Juan y sus lectores, el cuerno era símbolo de poder, y por tanto los siete cuernos son una imagen para expresar la plenitud del poder del Cordero. Los ojos eran símbolo de sabiduría, y por tanto los siete ojos, «los cuales son los siete espíritus de Dios enviados por toda la tierra», afirman la sabiduría absoluta de este Cordero inmolado que es también León de Judá. Con el empleo de estas imágenes se está preparando el camino para la afirmación central de todo el capítulo: que el Cordero es digno de adoración de igual modo que lo es el que está sentado en el trono.

El Cordero toma el libro directamente de la mano del que está en el trono. Luego, si lo que está en el libro es el plan de Dios para la creación, ese plan está ahora en manos del Cordero. Al efectuarse esa transferencia, el cielo irrumpe en alabanza al Cordero. Y esa alabanza se expande a tres himnos que ocupan buena parte del capítulo 5.

Primero son los cuatro seres vivientes y los 24 ancianos los que se postran ante el Cordero adorándole. Es de notarse que cada uno de los ancianos lleva no solamente un harpa, sino también una copa de oro llena de incienso, y que ese incienso «son las oraciones de los santos». En otras palabras, el culto que tiene lugar en la tierra se eleva al cielo como incienso y se une a la alabanza celestial, lo que sería de enorme importancia para las asediadas siete iglesias en Asia.

El himno de los cuatro seres vivientes y los 24 ancianos declara que el Cordero es digno porque fue inmolado y porque con su sangre ha redimido a los santos «de todo linaje, lengua, pueblo y nación». Y no solo eso, sino que les ha hecho un pueblo de «reyes y sacerdotes». Esto es una referencia al cordero que fue muerto en Egipto para que con su sangre se marcaran las puertas de los hijos de Israel, de modo que el ángel destructor no entrara a sus casas y matara a sus primogénitos

(Ex 12:1-13). El paralelismo entre esa historia y la de Jesús, el Cordero inmolado, tiene un lugar importante en todo el Apocalipsis, y de allí en la himnología, la adoración, la piedad y la teología cristianas.

Al coro inicial se unen entonces «millones de millones» de ángeles que declaran que el Cordero que fue inmolado es digno de tomar «el poder, las riquezas, la sabiduría, la fortaleza, la honra, la gloria y la alabanza». Una vez más, el hecho de que en esta lista hay siete elementos es otra señal de plenitud.

Por último, toda la creación se une al cántico de alabanza. Esto incluye no solo los ángeles y los santos, sino «todo lo creado que está en el cielo, sobre la tierra, debajo de la tierra y en el mar, y todas las cosas que hay en ellos». Nótese que esto incluye «debajo de la tierra», es decir, el Hades, así como el mar, símbolo tradicional del caos. Todos se unen en un cántico de alabanza en el que se rinde igual honor «al que está sentado en el trono y al Cordero».

Esto es un elemento central en la teología del Apocalipsis: El Cordero es digno de alabanza y honor, y tiene la plenitud del poder sobre la historia, sobre el libro sellado con siete sellos. Esto es importante también por razones prácticas, pues Juan sabe que sus amadas iglesias en Asia serán sometidas a presiones y persecución cada vez más fuertes. Vivirán bajo la señal y bajo la realidad de la cruz. Necesitarán que se les recuerde que el Cordero, que fue inmolado, es quien a fin de cuentas tiene todo el poder, no solamente sobre la iglesia, sino también sobre la sociedad y hasta sobre el imperio que parece ser todopoderoso. Adorar al Cordero es unirse al culto que tiene lugar «en el cielo, sobre la tierra, debajo de la tierra y en el mar». A fin de cuentas el poder no les pertenece a quienes ahora parecen ser leones, sino al Cordero inmolado y a quienes han sido sellados con su sangre.

# CAPÍTULO IV

## Los primeros seis sellos:
## Apocalipsis 6:1-7:17

Ya está preparado el escenario para que el gran drama de la historia se desarrolle ante los ojos de Juan. Según vaya rompiéndose cada sello, tendrán lugar acontecimientos en el cielo que se reflejarán en la tierra. Muchos de estos acontecimientos no son placenteros. Pero son parte de un proceso que a la postre llevará a la victoria final del Cordero y de quienes le pertenecen.

Los siete sellos serán abiertos de uno en uno, pero no todos ocuparán el mismo espacio en el libro de Juan. Los primeros cinco serán relativamente breves. El sexto será algo más extenso. Y el séptimo será tal que requerirá todo un capítulo aparte en este comentario, y aun entonces no terminará.

## El primer sello: Apocalipsis 6:1-2

[1]Vi cuando el Cordero abrió uno de los sellos, y oí a uno de los cuatro seres vivientes decir como con voz de trueno: Ven y mira. [2]Y miré, y he aquí un caballo blanco; y el que lo montaba tenía un arco; y le fue dada una corona, y salió venciendo, y para vencer.

Los primeros cuatro sellos forman una unidad y en cierto sentido son paralelos. En conjunto se refieren a los que han venido a llamarse «los cuatro jinetes del Apocalipsis». Cada vez que el Cordero abra un sello, uno de los seres vivientes que ya vimos en 4:6 clamará «¡Ven!». Ante su llamada, saldrá un caballo de un color particular y un jinete con algún instrumento en la mano. Resulta interesante notar que aquí no aparece la palabra «jinete», sino que se dice más bien «el que lo montaba». En el idioma original, la palabra que se usa aquí es la misma que se usó antes para referirse al que «estaba sentado» sobre el trono. Por eso algunos han sugerido que el propósito de esta palabra es hacer ver que los cuatro caballos representan cuatro diferentes fuentes de poder o de autoridad, es decir, falsos tronos que parecen tener poder, pero que en realidad no lo tienen. En última instancia, siguen sujetos al que está sentado en el trono.

El primer caballo es blanco. Puesto que en Apocalipsis 19:11 se habla de un caballo blanco cuyo jinete es «Fiel y Verdadero»; algunos intérpretes han sugerido que este caballo es una figura positiva que representa la predicación del evangelio. Pero el contexto de toda la narración señala que cada uno de los cuatro jinetes traerá sufrimiento sobre la tierra.

El jinete del caballo blanco lleva un arco y una corona. Los enemigos tradicionales del Imperio Romano en su frontera este eran los partos, famosos por su caballería armada con arcos, en contraste con otros ejércitos, cuyas principales fuerzas eran de infantería. Luego, a un lector en Asia Menor, relativamente cerca de la frontera con Partia, la imagen de un jinete armado con un arco inmediatamente le llevaría a pensar en los temidos partos, cuyas incursiones en el territorio romano causaban terror y muerte. El caballo es blanco, color que simboliza victoria. Y al jinete le es dada una «corona», lo cual no se refiere a las coronas de oro y piedras preciosas que los reyes usan en ocasiones solemnes, sino más bien a la corona de laurel que se les daba a los vencedores. El uso de la voz pasiva –le fue dada– es típico de la literatura judía de la época, cuando para evitar referirse directamente a Dios no se decía «Dios le dio», sino «le fue dado». Luego, al oír esto los creyentes en Asia Menor entenderían que Dios les daría victoria a los partos, el odiado y temido enemigo de Roma. Entenderían que hasta la invasión foránea, por terrible que fuese, no estaría fuera del control de Dios (la frase «venciendo y para vencer» es un hebraísmo que quiere decir «venciendo repetidamente»).

## El segundo sello: Apocalipsis 6:3-4

[3]Cuando abrió el segundo sello, oí al segundo ser viviente, que decía: Ven y mira. [4]Y salió otro caballo, bermejo; y al que lo montaba le fue dado poder de quitar de la tierra la paz, y que se matasen unos a otros; y se le dio una gran espada.

Como en el caso anterior, el Cordero abre al sello, uno de los seres vivientes llama, y a su llamada surgen un caballo y su jinete. Lo que la RVR traduce como «color rojizo» es más fuerte. No es un rojo pálido, sino un rojo de fuego o de sangre. Al jinete le es dada «una espada muy grande». En el Apocalipsis se habla de «espadas» empleando dos palabras diferentes. Lo que aquí se traduce como «una espada muy grande» no es la misma clase de espada que aparece en 1:6, que sale de la boca del Señor o la que aparece en el cuarto jinete, en 6:8. Esta espada grande no era un arma de guerra. En la batalla, se empleaba una espada mucho más pequeña y ligera, y por tanto más manejable. La «gran espada» que este segundo jinete lleva es la clase de espada que se usaba blandiéndola como un garrote, y no para dar estocadas. Por ser menos manejable, ya no era la espada con que se armaba a los soldados romanos. Era más bien la clase de espada que se usaba en las ceremonias, y sobre todo la clase de espada que se utilizaba par decapitar a los ciudadanos romanos condenados a muerte. Tal espada era símbolo de la autoridad imperial para decretar la pena de muerte, lo que se llamaba el «derecho de la espada» o *jus gladii*. Ese derecho, conferido por el estado, se les transfería también a los gobernadores de las provincias como representantes de la autoridad imperial. Luego, después que el primer caballo y su jinete llevarían a los oyentes a pensar en invasiones de los partos y sus estropicios, el segundo jinete y su caballo se verían como alusiones al Imperio Romano y sus autoridades.

Roma se jactaba de haber traído paz a la cuenca del Mediterráneo mediante sus conquistas y gobierno –la *pax romana*–. Esto era verdad en parte, pues las guerras entre ciudades vecinas habían cesado y los piratas habían sido barridos del Mediterráneo. Pero la otra cara de la moneda es que ahora de entre los pueblos conquistados se reclutaban tropas auxiliares para apoyar a las legiones romanas en sus campañas conquistadoras, o para aplastar algún desorden en los territorios conquistados. Las constantes rebeliones eran una plaga en el Imperio Romano, y había que aplastarlas violentamente. Por tanto, para muchos de los vencidos, la tan celebrada paz romana era la paz de los cementerios. Además, resulta claro que Juan, el vidente de Patmos, no sentía gran simpatía ni admiración hacia el Imperio Romano. Luego, en un giro irónico ante la celebrada paz romana, Juan dice que a este jinete «le fue dado» el poder «para quitar la paz de la tierra y hacer que se mataran unos a otros».

## *El tercer sello: Apocalipsis 6:5-6*

5Cuando abrió el tercer sello, oí al tercer ser viviente, que decía: Ven y mira. Y miré, y he aquí un caballo negro; y el que lo montaba tenía una balanza en la mano. 6Y oí una voz de en medio de los cuatro seres vivientes, que decía: Dos libras de trigo por un denario, y seis libras de cebada por un denario; pero no dañes el aceite ni el vino.

El tercer sello se abre de manera paralela a los dos anteriores: se rompe el sello, uno de los seres viviente llama, y salen un caballo y su jinete. Este tercer caballo es negro y su jinete lleva «una balanza en la mano». La balanza es señal del comercio, pues en ella se pesan los productos, así como los pagos. En el Imperio Romano, como sucede frecuentemente en tantos países, los ricos comentaban acerca de cuán buenas eran las condiciones para el comercio ahora que había paz y estabilidad. Supuestamente esto mejoraría las condiciones de vida para todos. Pero tal cosa no era siempre así para los pobres, específicamente en la provincia de Asia.

Esa provincia era una de las más ricas del Imperio. Sus tierras eran fértiles, y sus muchos puertos y ríos facilitaban el comercio. Cuando la región vino a ser parte del Imperio Romano, muchos terratenientes –tanto los naturales del país como quienes habían venido con los romanos– se percataron de que las tierras dedicadas a la producción de vino y de aceite de oliva dejaban mayores ganancias que las que se dedicaban a los cereales. Según se iban enriqueciendo sembrando viñedos y olivares, más tierra compraban para emplearla del mismo modo. El resultado fue de grandes ganancias para los terratenientes y escasez de alimentos para los más pobres. En vista de ese problema, en el año 92 el emperador Domiciano decretó que los viñedos en todas las provincias se redujeran a la mitad. Aparentemente hubo también decretos semejantes acerca de los olivares, prohibiendo que se plantaran más. Pero la aristocracia terrateniente, particularmente en Asia, protestó con tal fuerza que Domiciano se vio obligado a retirar el edicto. El resultado fue el aumento en los precios de los cereales, y hambre entre los más pobres.

Ese es el contexto de la voz que surge de en medio de los seres vivientes, cosa que no había acaecido en los dos primeros sellos: «Dos libras de trigo por un denario y seis libras de cebada por un denario, pero no dañes el aceite y el vino». Las medidas que aquí se usan no son principalmente de peso, como en RVR, sino de capacidad. Una traducción más exacta sería: «Un litro de trigo por un denario, y tres litros de cebada por un denario». El denario era el pago usual que un obrero recibía por un día de trabajo. Anteriormente, un denario alcanzaba para comprar 12 litros de trigo o 24 de cebada. Luego, la voz que surge de entre los seres vivientes es una protesta contra un proceso inflacionario del 1200% en el caso del trigo, y del 800% para la cebada. A esos precios, era imposible alimentar a la familia. Luego, el tercer jinete con su balanza representa el hambre, causada no sencillamente porque no haya suficiente, sino por un sistema de comercio injusto, un sistema que se sienta sobre su caballo como si fuera el trono de Dios.

## El cuarto sello: Apocalipsis 6:7-8

[7]Cuando abrió el cuarto sello, oí la voz del cuarto ser viviente, que decía: Ven y mira. [8]Miré, y he aquí un caballo amarillo, y el que lo montaba tenía por nombre Muerte, y el Hades le seguía; y le fue dada potestad sobre la cuarta parte de la tierra, para matar con espada, con hambre, con mortandad, y con las fieras de la tierra.

El cuarto jinete, que se presenta del mismo modo que los tres anteriores, es el epítome de todos ellos. La RVR dice que su caballo es «amarillo». Otras traducciones dicen «pálido». Quizá sería más exacto decir «amarillento», como un cadáver en estado de descomposición. Este es el único de los cuatro jinetes cuyo nombre se nos dice: «Muerte». Le acompaña el Hades, el lugar en el que según la tradición los muertos permanecen. Puesto que los otros tres jinetes –la invasión foránea, la injusticia y el desorden domésticos, y el comercio injusto– se pasean sobre la tierra, ahora también la Muerte y hasta el Hades caen sobre ella.

La oración que empieza «y les fue dada potestad…» puede referirse o bien a la Muerte y al Hades, o bien a todos los cuatro jinetes. En los manuscritos antiguos no había un sistema de puntuación que nos permita saber si esa frase debe ir como la presenta la RVR, como cláusula subordinada a la anterior, o más bien como una oración independiente que se aplica a todo lo anterior, es decir, a los cuatro jinetes. Puesto que con esto termina la serie de los cuatro jinetes, parece lógico que sea un resumen de todo lo que antecede, y que por tanto la «potestad sobre la cuarta parte de la tierra…» les haya sido dada a los cuatro jinetes. En tal caso, todas las calamidades que se mencionan en este versículo se relacionan con la invasión foránea, con el mal gobierno, con el comercio injusto y con la Muerte y el Hades.

Esta visión no es sobre alguna fecha futura, quizá dos mil o quizá diez mil años después del tiempo de Juan, sino que es una visión para los tiempos de Juan y para los nuestros. Basta con mirar las noticias en la televisión, o con leer los diarios, para ver que los cuatro jinetes del Apocalipsis que se paseaban por el mundo en tiempos de Juan siguen igualmente paseándose por el mundo en nuestros días.

## *El quinto sello: Apocalipsis 6:9-11*

[9]Cuando abrió el quinto sello, vi bajo el altar las almas de los que habían sido muertos por causa de la palabra de Dios y por

el testimonio que tenían. [10]Y clamaban a gran voz, diciendo: ¿Hasta cuándo, Señor, santo y verdadero, no juzgas y vengas nuestra sangre en los que moran en la tierra? [11]Y se les dieron vestiduras blancas, y se les dijo que descansasen todavía un poco de tiempo, hasta que se completara el número de sus consiervos y sus hermanos, que también habían de ser muertos como ellos.

Este quinto sello nos sorprende por su contenido inesperado. Nos muestra otra calamidad inexplicable: que a través de las edades tantas personas han sufrido «por causa de la palabra de Dios y del testimonio que tenían». En la visión, las almas están «debajo del altar» porque se pensaba que, así como la sangre de los animales sacrificados se acumulaba bajo el altar, así también las almas de los muertos esperaban la resurrección bajo el altar.

Estas almas de los mártires del pasado están clamando por justicia en tanto esperan por su resurrección final. La respuesta que se da aquí, y que aparece también en la literatura apocalíptica judía, es que las almas han de esperar hasta que se complete cierto número de ellas. Probablemente esto no deba entenderse en el sentido literal, que el número de mártires tiene que llegar a cierta cantidad fija antes de que llegue el fin. Si recordamos que el libro va dirigido a creyentes que se abocan a una posible persecución y a la muerte, vemos que lo que se les está diciendo es que en tal caso serán añadidos al número de los mártires, y que su sacrificio contribuirá al glorioso fin, cuanto todos se levantarán y llegará el momento de «juzgar y vengar nuestra sangre». En el entretanto, se les dice que descansen —es decir, que confíen— y, aunque todavía no haya llegado el día final, se les dan vestiduras blancas de victoria.

## *El sexto sello: Apocalipsis 6:12–7:17*

### Se abre el sello (6:12-17)

[12]Miré cuando abrió el sexto sello, y he aquí hubo un gran terremoto; y el sol se puso negro como tela de cilicio, y la luna se volvió toda como sangre; [13]y las estrellas del cielo cayeron sobre la tierra, como la higuera deja caer sus higos cuando es sacudida por un fuerte viento. [14]Y el cielo se desvaneció como un pergamino que se enrolla; y todo monte y toda isla fueron removidas de su lugar. [15]Y los reyes de la tierra, y los grandes, los ricos, los capitanes, los poderosos, y todo siervo y todo libre, se escondieron en las cuevas y entre las peñas de los montes; [16]y decían a los montes y a las peñas: Caed sobre nosotros, y escondednos del rostro de aquel que está sentado sobre el trono, y de la ira del Cordero; [17]porque el gran día de su ira ha llegado; ¿y quién podrá sostenerse en pie?

En cierto modo el sexto sello es una respuesta al clamor de los mártires en el quinto sello. Se acerca la hora esperada, y en señal de ello hay toda una serie de catástrofes de proporciones cósmicas. Los cuatro jinetes representaban el daño y destrucción que son resultado de las acciones humanas. Ahora la destrucción es mucho mayor, y se describe con imágenes poéticas en su mayoría tomadas del Antiguo Testamento. Y aquí una vez más, como en todo el Apocalipsis, aparece el número siete, pues los acontecimientos que se mencionan son siete (de manera paralela a las siete plagas de Egipto en Éxodo):

Un gran terremoto
El sol se oscurece
La luna se vuelve como sangre

Las estrellas caen del cielo como los higos caen de la higuera cuando sopla un fuerte viento
El cielo se enrolla y desaparece
Los montes y las colinas son removidos
La gente se espanta
Este último punto, el espanto de la gente, incluye a su vez siete clases de personas:
Los reyes
Los grandes
Los ricos
Los capitanes
Los poderosos
Los esclavos
Los libres

Esta doble estructura, de siete primero y luego otros siete dentro del séptimo encabezado, indica que la destrucción es total. Abarca desde el cielo hasta la tierra, y desde los reyes hasta los esclavos.

La consternación es tal que las gentes huyen a las cuevas. Pero no huyen por temor a la muerte, pues les piden a los montes y las peñas: «Caed sobre nosotros». Su temor es hacia el juico de Dios y del Cordero, pues lo que les piden a los montes es «escondednos del rostro de aquel que está sentado sobre el trono, y de la ira del Cordero». ¡La ira del Cordero! Una vez más, la visión de Juan destruye muchas de nuestras presuposiciones. Antes, al buscar un león, ve un cordero. Y ahora toda esta multitud, muchos de los cuales parecerían ser «leones» en la sociedad –los reyes, los poderosos y los ricos– ¡tienen que esconderse de la ira de un cordero! Por otra parte, el Cordero no es un ser débil que lo acepta todo, sino que su ira es de temer.

A la mayoría de nosotros, que tenemos una fuerte inversión emotiva en la sociedad en que vivimos y tenemos cierta medida de comodidad y seguridad, todo esto puede parecernos terriblemente negativo. Pero tal no sería el caso para aquellos creyentes a quienes Juan se dirigía. Ciertamente recordarían al menos a su hermano Antipas, cuya alma era precisamente una de las que esperaban ansiosamente el día final. En nuestra sociedad, en que la competencia entre unos y otros es constante, muchos de nosotros, al tiempo que nos llamamos seguidores del Cordero, buscamos el modo de contarnos entre los leones. El actuar como un cordero se considera cuestión de cobardes. Tales personas son dignas de lástima o de burla. Sin embargo, Juan nos recuerda que el poder le pertenece al Cordero, ¡y a un cordero inmolado! Un día, hasta los más poderosos reyes, generales y terratenientes tendrán que rendir cuentas ante la ira del Cordero. Para evitarnos lo que esto implica para la vida de hoy, nos decimos que son exageraciones, o que nuestros intentos de ser como leones a expensas de otros no importan. Pero Juan nos dice repetidamente: «El que tiene oído, oiga lo que el Espíritu dice a las iglesias».

### Los sellados de Israel (7:1-8)

[1]Después de esto vi a cuatro ángeles en pie sobre los cuatro ángulos de la tierra, que detenían los cuatro vientos de la tierra, para que no soplase viento alguno sobre la tierra, ni sobre el mar, ni sobre ningún árbol. [2]Vi también a otro ángel que subía de donde sale el sol, y tenía el sello del Dios vivo; y clamó a gran voz a los cuatro ángeles, a quienes se les había dado el poder de hacer daño a la tierra y al mar, [3]diciendo: No hagáis daño a la tierra, ni al mar, ni a los árboles, hasta que hayamos sellado en sus frentes a los siervos de nuestro Dios. [4]Y oí el número de los sellados: ciento cuarenta y cuatro mil sellados de todas las tribus de los hijos de Israel. [5]De la tribu de Judá, doce mil sellados. De la tribu de Rubén, doce mil sellados. De la tribu de Gad, doce mil sellados. [6]De la tribu de Aser, doce

mil sellados. De la tribu de Neftalí, doce mil sellados. De la tribu de Manasés, doce mil sellados. ⁷De la tribu de Simeón, doce mil sellados. De la tribu de Leví, doce mil sellados. De la tribu de Isacar, doce mil sellados. ⁸De la tribu de Zabulón, doce mil sellados. De la tribu de José, doce mil sellados. De la tribu de Benjamín, doce mil sellados.

Resulta claro que este pasaje no ha de tomarse literalmente como una secuencia cronológica con lo que antecede. En el capítulo 6 se nos dijo que hubo una serie de acontecimientos tales que ni la tierra ni los montes subsistieron. Ahora vemos cuatro ángeles de destrucción a los que se instruye: «No hagáis daño a la tierra ni al mar ni a los árboles hasta que hayamos sellado en sus frentes a los siervos de Dios». Es importante entender esto, pues echa por tierra todas las interpretaciones, tan frecuentes en nuestros días, que pretenden ver en el Apocalipsis un programa cronológico para los acontecimientos finales. El Apocalipsis es una visión, o una serie de visiones. Las visiones no son lógicas. Son más bien como los sueños, en los que los escenarios y las personas cambian sin un orden lógico. Hacer de una visión una descripción o programa cronológico es privar a la visión misma de su propio carácter, imponiéndole nuestro sentido del orden de las cosas, y perdiendo su sentido más profundo.

Los siete sellos no son etapas sucesivas que llevan al día final, como los períodos de la historia que estudiamos en la escuela. Son más bien imágenes que nos dan ánimo y fuerza a los creyentes para vivir como corderos en medio de un mundo de leones, y para vivir como quienes sabemos que el triunfo final no está en manos de los leones de hoy, sino en las manos del Cordero eterno. La visión de Juan ayudó a aquellos cristianos de finales del siglo primero a colocar sus propios sufrimientos bajo la luz del señorío y la victoria final del Cordero. La misma visión ha ayudado de igual manera a creyentes a través de todas las edades. Y nos ayuda hoy a vivir como siervos del Cordero en un mundo de leones.

En todo caso, hay aquí una pausa en medio de todas las escenas de destrucción que hemos venido estudiando. Esto le añade un efecto dramático al todo. Los primeros seis sellos se desenvolvieron en rápida sucesión. En ellos se habló de una destrucción creciente y de visiones cada vez más imponentes. ¡No podemos esperar a ver lo que el séptimo sello manifestará! Pero Juan nos hace esperar.

Tras los primeros versículos de este capítulo hay una cosmovisión antigua, según la cual la tierra era llana y cuadrada, y los cuatro vientos que soplaban desde sus cuatro esquinas eran vientos de maldad. De igual modo que nosotros estamos listos para que se abra el séptimo sello, así también los cuatro vientos están listos a desatar su destrucción y añadirles su porción a los males de la guerra, el hambre, la peste y el terremoto. Pero de igual manera que nosotros tenemos que esperar, así también los cuatro ángeles que gobiernan a los cuatro vientos tienen que esperar. Quien les comunica esa orden es un quinto ángel, que tiene «el sello del Dios vivo». Esto puede recordarnos el tema general de los siete sellos que venimos estudiando. Pero es también mucho más. En la antigüedad, quien representaba todo el poder de un soberano −quizá lo que hoy llamaríamos un primer ministro− tenía el sello del rey. Esto le daba autoridad para dar órdenes a nombre del rey. Luego, este ángel tiene autoridad para darles órdenes a los otros cuatro porque tiene el sello del Dios vivo.

Por otra parte, el sello se empleaba también para marcar las propiedades. Hasta el día de hoy en algunos lugares se emplea un sistema parecido al marcar el ganado. En la antigüedad, esto se hacía también con cierta frecuencia en el caso de los esclavos. Nótese que en el versículo 3 se les manda a los ángeles que retengan el poder destructor de los cuatro vientos «hasta que hallamos sellado en sus frentes a los siervos de nuestro Dios». La palabra que aquí se traduce por «siervos» también quiere decir «esclavos». Luego, el pasaje se refiere a un sello que llevarán los siervos de Dios, semejante a los esclavos que llevan el sello de sus amos (más adelante veremos también que hay otras personas que llevan otro sello, el de la bestia).

Todo el pasaje nos recuerda a Ezequiel 9:1-6, donde Dios ha decidido destruir a los idólatras en Jerusalén, y le ordena al escribano: «Pasa por en medio de la ciudad, por en medio de Jerusalén, y ponles una señal en la frente a los hombres que gimen y claman a causa de todas las abominaciones que se hacen en medio de ellos». En el libro del Éxodo, el sello de la sangre del cordero inmolado salva a los hijos de Israel de la plaga mortífera. La diferencia está en que, mientras en Ezequiel y en Éxodo los así sellados no sufren los dolores de los demás, aquí y en todo el Apocalipsis se advierte que quienes llevan el sello del Cordero sufrirán por llevarlo. Pero, gracias a ese sello, no sufrirán el daño aun mayor, la «segunda muerte».

Algunos intérpretes han sugerido que el uso del término «sello» en este contexto llevaría a los destinatarios del Apocalipsis a pensar en su propio bautismo, que desde fecha muy temprana se entendía como el «sello» de Dios sobre sus siervos (cf. Jn 6:27; Rom 4:11; 2 Cor 1:22; Ef 1:13; 4:30).

El número de los sellados son 144.000 «de todas las tribus de los hijos de Israel». Este número ha dado lugar a innumerables especulaciones. En realidad, no tiene nada de extraño. Las tribus son doce. El doce, como el siete, es símbolo de perfección. Mil son una multitud. El número 144.000 es igual a 12 x 12 x 1.000. Luego, lo que el número 144.000 representa es una grande y perfecta multitud. No queda fuera de ella ni una sola persona que debería incluirse. Esto sería un mensaje de consuelo para los lectores del Apocalipsis, cuyas tribulaciones bien podrían llevarles a pensar que Dios les había olvidado y no les contaba ya entre los que salvaría.

La lista de las doce tribus tiene algunas peculiaridades. En primer lugar, notamos que, en vez de colocarlas en el orden tradicional de precedencia de los antiguos patriarcas, en este caso se nombra ante todo a Judá. Posiblemente esto se deba a que es de esa tribu de la que nace el Cordero, del linaje de David. Por otra parte, la tribu de Dan no se menciona. Aparentemente había una antigua tradición judía –que algunos escritores cristianos mencionan– según la cual el Antricristo o Antimesías vendría de esa tribu. Entre los cristianos, había también quienes decían que esa era la tribu de Judas. Por una razón u otra, el hecho es que la tribu de Dan no se menciona. Entonces, para completar el número 12, se incluye a la tribu de Manasés, aunque en realidad Manasés era parte de la tribu de José.

Los intérpretes no concuerdan en cuanto a si estos 144.000 son todos descendientes de Israel. Algunos sugieren que Juan menciona a las doce tribus como un modo de decir que la iglesia ha tomado el lugar de Israel, que ha sido rechazado. Pero en el Apocalipsis hay numerosos pasajes que muestran que Juan piensa que Israel tiene todavía un lugar importante en el plan de salvación. Recordemos, por ejemplo, a los 24 ancianos (cf. Ap 21:12-14, donde la ciudad santa tiene doce puertas, una por cada tribu de Israel). Luego, es más justo pensar que el pasaje que estamos estudiando se refiere más bien al «remanente de Israel». Este tema es suficientemente común en los libros de los profetas para pensar que Juan, en lugar de disminuir el lugar de Israel, lo ha aumentado para referirse a un número completo y perfecto, 144.000.

## Los sellados de entre las naciones (7:9-17)

[9]Después de esto miré, y he aquí una gran multitud, la cual nadie podía contar, de todas naciones y tribus y pueblos y

lenguas, que estaban delante del trono y en la presencia del Cordero, vestidos de ropas blancas, y con palmas en las manos; [10]y clamaban a gran voz, diciendo: La salvación pertenece a nuestro Dios que está sentado en el trono, y al Cordero. [11]Y todos los ángeles estaban en pie alrededor del trono, y de los ancianos y de los cuatro seres vivientes; y se postraron sobre sus rostros delante del trono, y adoraron a Dios, [12]diciendo: Amén. La bendición y la gloria y la sabiduría y la acción de gracias y la honra y el poder y la fortaleza, sean a nuestro Dios por los siglos de los siglos. Amén.

[13]Entonces uno de los ancianos habló, diciéndome: Estos que están vestidos de ropas blancas, ¿quiénes son, y de dónde han venido? [14]Yo le dije: Señor, tú lo sabes. Y él me dijo: Estos son los que han salido de la gran tribulación, y han lavado sus ropas, y las han emblanquecido en la sangre del Cordero. [15]Por esto están delante del trono de Dios, y le sirven día y noche en su templo; y el que está sentado sobre el trono extenderá su tabernáculo sobre ellos. [16]Ya no tendrán hambre ni sed, y el sol no caerá más sobre ellos, ni calor alguno; [17]porque el Cordero que está en medio del trono los pastoreará, y los guiará a fuentes de aguas de vida; y Dios enjugará toda lágrima de los ojos de ellos.

Como en el caso de los 144.000, también hay desacuerdo entre los mejores intérpretes en cuanto a quiénes forman parte de esta «gran multitud». Algunos piensan que son los mismos 144.000 del pasaje anterior, quienes ahora se encuentran en el cielo. Los 144.000 son todos descendientes de Israel, y hay quien piensa que la «gran multitud», que es de «todas las naciones, tribus, pueblos y lenguas» son los mismos 144.000.

Lo más probable es que se trate de otra multitud. En esta segunda multitud hay gentiles de todas las naciones y pueblos, y estos son la contraparte de la otra multitud perfecta de entre los hijos de Israel (los 144.000 sellados del pasaje anterior).

Luego, de igual modo que hay 24 ancianos que representan tanto al pueblo de Israel como a la iglesia, o doce puertas y doce cimientos en la ciudad santa, que representan a las tribus de Israel y a los apóstoles, aquí también Juan ve al pueblo de Dios como si tuviera dos ramas, una de entre los descendientes de Abraham y otra de entre los gentiles.

Quienes componen esta gran multitud están «vestidos de ropas blancas», que son señal de victoria y posiblemente también recordatorio de su bautismo, puesto que desde fecha muy temprana se usaba vestir a los bautizados con túnicas blancas al salir de las aguas. Las «palmas en sus manos» también son símbolo de regocijo y de victoria. En este sentido, podemos recordar la entrada triunfal de Jesús en Jerusalén. También, en 1 Macabeos 13:51, se nos dice que para celebrar su victoria los judíos entraron en Jerusalén «con alabanzas y palmas». Más tarde, en el arte cristiano, el que una figura lleve una palma es señal de que murió como mártir, y por tanto ha alcanzado el triunfo supremo.

Lo que esta multitud canta es una fórmula de adoración que aparece también en el Salmo 3-8, pero aquí con la importante añadidura, «y al Cordero» (véase Juan 1:29). Para los primeros lectores del Apocalipsis, imbuidos como estaban en las tradiciones de Israel, tales palabras dejarían bien claro que el Cordero merece un honor y culto que le pertenecen solamente a Dios.

Entonces los ángeles y los seres vivientes se unen al himno de alabanza. El «Amén» era el modo en que la congregación normalmente respondía a las oraciones de la persona que dirigía el culto. Tenemos entonces otra antífona en la que entre dos «Amén» el coro celestial le adscribe a Cristo siete virtudes: la bendición, la gloria, la sabiduría, la acción de gracias, la honra, el poder y la fortaleza.

La pregunta y respuesta que aparecen en los versículos 13 y 14 tienen un carácter didáctico. Obviamente, el anciano sabe quiénes son estas personas vestidas de blanco, y su pregunta a Juan le abre el camino para él mismo darle la respuesta. Son «los que han salido de la gran tribulación, han lavado sus ropas y las han blanqueado en la sangre del Cordero». Todo esto se refiere particularmente a quienes sufren en tiempos de persecución. Son quienes las cartas a las siete iglesias llaman «vencedores». Han vencido porque llevan el sello de Dios, y por tanto le pertenecen a Dios.

Pero el llevar el sello de Dios no evita el tener que pasar por las tribulaciones, de igual modo que el Cordero triunfó al ser inmolado. La afirmación de que «han lavado sus ropas y las han blanqueado en la sangre del Cordero» parece contradictoria, pues lavar ropas en sangre no las blanquea. Esta frase no quiere decir sencillamente, como a menudo pensamos hoy, que han creído en Jesús y por eso están lavados en la sangre del Cordero. Quiere decir también que mediante su propio sufrimiento han participado en el sacrificio del Cordero y de ese modo han sido lavados en su sangre. Han «salido de la gran tribulación». El sello del Cordero no protege a los sellados de las tribulaciones ni del mal, sino que no permite que tales cosas les venzan.

Pero no todo es negativo. Al final, el anciano le dice a Juan que los sellados gozarán de paz y felicidad cuando estén «delante del trono de Dios». No tendrán hambre ni sed, ni sol ardiente. Al contrario, el Cordero les pastoreará y los llevará a «fuentes de aguas vivas» (recuérdese el Salmo 23). Y recibirán consuelo absoluto, pues «Dios enjugará toda lágrima de los ojos de ellos».

Quienes antes no tuvieron refugio contra el dolor ahora tendrán su refugio nada menos que en Dios mismo, quien «extenderá su tienda sobre ellos» (lo que se traduce como «tienda» también puede entenderse como «tabernáculo», lo cual nos recuerda numerosas imágenes bíblicas). Además, es importante subrayar que todo esto no es poesía vana y fuera de contexto.

Recordemos la escasez de alimentos en Asia, el rápido proceso inflacionario, y el hecho de que probablemente muchos de los destinatarios del Apocalipsis eran personas necesitadas. Tales personas reciben ahora la promesa de una victoria y un consuelo completos. Tanto es así, que ¡quien enjugará las lágrimas de sus ojos será nada menos que Dios mismo!

# CAPÍTULO V

## El séptimo sello y las siete trompetas: Apocalipsis 8:1-11:19

### *El séptimo sello: Apocalipsis 8:1*

[1]Cuando abrió el séptimo sello, se hizo silencio en el cielo como por media hora.

Mucho se ha debatido acerca del significado de esta media hora de silencio. Algunos sugieren la posibilidad de que esto sea un eco de la tradición judía según la cual, de igual modo que al principio, antes que Dios creara los cielos y la tierra, hubo silencio, así también habrá silencio al final. Luego, este silencio anuncia el principio de toda una nueva creación.

Sea cual fuere el caso, nos encontramos aquí ante uno de los momentos más dramáticos y menos notados en todo el Apocalipsis. Imaginemos que estamos presentes en la iglesia de Tiatira cuando por primera vez se lee el Apocalipsis, en voz alta y a toda la congregación. Según se va leyendo el libro, y se abre cada uno de los sellos, la expectativa va en aumento. Ahora, por fin, ¡llegamos al séptimo sello! Si hasta aquí se han escuchado voces como las de grandes cataratas, truenos estruendosos y el rugir de leones, ¿qué hemos de oír ahora? La tensión se siente en el aire. Por fin el lector dice «Cuando abrió el séptimo sello», y lo que sigue es... ¡un silencio de media hora! Al pensar en tal situación, casi escuchamos el sorprendido suspiro de la congregación.

¿Qué hemos de decir acerca de esto? Posiblemente lo mejor sea no decir nada, respetar el silencio, recordar que los tiempos de Dios no son nuestros tiempos y aprender algo de lo que es «esperar en Dios».

## Las primeras seis trompetas: Apocalipsis 8:2–9:21

Una vez más, Juan nos presenta una visión que se va desenvolviendo en siete pasos. Y, también una vez más, los primeros pasos de esa nueva serie pasan rápidamente, de modo que esperamos ansiosamente el séptimo paso. Pero esta serie de trompetas que ahora empieza, como la anterior serie de sellos, también se prolongará hacia el final, aunque, naturalmente, quienes escuchan la lectura del libro por primera vez no lo sabrán. Este artificio, de tratar acerca de los primeros elementos (ya sean sellos, o ya trompetas) en pocas palabras, y luego prolongar los últimos, es un modo de advertirles a los lectores que, por muy rápidamente que parezcan moverse los acontecimientos, hay que tener paciencia y perseverancia.

Al escuchar a uno de ellos leer en voz alta acerca de los siete sellos, y cuán rápidamente pasan los primeros cuatro, aquellos primeros receptores del libro deben haber pensado que el fin estaba, por así decir, «a la vuelta de la esquina». Ahora solamente faltaban tres sellos. Pero entonces el quinto y el sexto se prolongaron. Y ahora, cuando por fin se abre el séptimo sello, ¡resulta que hay siete trompetas! Y en este caso también, se dirá poco de las primeras trompetas; pero no del resto. Y más adelante esos primeros oyentes del libro descubrirían que, después de los siete sellos y las siete trompetas, ¡habrá siete copas de ira!

Luego, a pesar de lo que frecuentemente se dice, Juan no les está anunciando a sus lectores que el fin está cercano y que por tanto todo lo que necesitan es un poquito de paciencia. Les está diciendo más bien que el presente, al igual que el futuro, está en las manos de Dios, y que por lo tanto el fin, venga cuando venga, bien merece esperarlo y vivir en esa espera.

## Se prepara la escena (8:2-5)

[2]Y vi a los siete ángeles que estaban en pie ante Dios; y se les dieron siete trompetas. [3]Otro ángel vino entonces y se paró ante el altar, con un incensario de oro; y se le dio mucho incienso para añadirlo a las oraciones de todos los santos, sobre el altar de oro que estaba delante del trono. [4]Y de la mano del ángel subió a la presencia de Dios el humo del incienso con las oraciones de los santos. [5]Y el ángel tomó el incensario, y lo llenó del fuego del altar, y lo arrojó a la tierra; y hubo truenos, y voces, y relámpagos, y un terremoto.

Esta es la primera vez que se mencionan estos siete ángeles —excepto si son los mismos siete ángeles de las siete iglesias al principio del libro—. Los «siete ángeles de la presencia» eran un tema relativamente común en la literatura judía de entonces. Estos son los principales ángeles, los que están directamente en la presencia de Dios, o, como dice nuestro texto, «ante Dios».

Uniendo varios pasajes, la tradición les daba a estos ángeles los nombres de Miguel, Gabriel, Rafael, Uriel, Raguel, Sariel y Remiel. De estos, el único que se menciona por nombre en el Apocalipsis es Miguel (12:7). (Aunque, como en hebreo el nombre de Gabriel quiere decir «Dios es mi fuerza», algunos sugieren que es a Gabriel a quien se refiere la frase «ángel poderoso» en 5:2; 10:1 y 18:21).

A estos ángeles «se les dieron» siete trompetas. Como ya se ha dicho, este uso de formas verbales pasivas es un modo indirecto de decir que se trata de una acción divina. Es Dios quien les da las trompetas a los ángeles, de igual modo que en el capítulo 6 fue Dios quien les dio a los jinetes su poder.

Las trompetas son señal de la presencia e intervención de Dios. En el Antiguo Testamento, la presencia de Dios se anuncia con el sonido de trompetas, o con «un sonido de bocina muy fuerte» (Ex 19:16-19; 20:18). Por eso, los ritos religiosos solemnes también se anunciaban con trompetas (Lv 23:24; 25:9). Combinando ambas cosas, la alabanza de Israel ante los hechos gloriosos de Dios se expresa en términos del sonido de trompetas: «¡Subió Dios con júbilo, Jehová con el sonido de trompeta!» (Sal 47:5). La trompeta también proclama la acción divina (Is 18:3; 27:13) y muy particularmente el «día del Señor» (Joel 2:1).

En Ezequiel 33:2-6, que bien puede haber provisto parte de la inspiración para el pasaje que estudiamos, se habla de un centinela que «vea venir la espada sobre la tierra, y toque la trompeta y avise al pueblo». Si en tal caso alguien no le presta atención y se prepara, «su sangre será sobre su cabeza». En otras palabras, quien siendo avisado no toma las precauciones necesarias no puede culpar a otro por las consecuencias. Todo esto nos indica el propósito de las trompetas que están a punto de sonar. Las trompetas mismas, así como la destrucción que anuncian, son advertencias para llamar al pueblo al arrepentimiento y a la obediencia. Es por eso que las plagas y la destrucción no cubren toda la tierra, sino solamente parte de ella. Son advertencia para quienes sobreviven. El pasaje que estudiamos también tiene interesantes referencias al culto. Las oraciones de los santos –que parecen ser particularmente las oraciones de los fieles en la tierra– se unen al incienso que sale del altar, y todo se eleva en conjunto a la presencia de Dios. La impresión que se da es que el culto celestial y el culto de los fieles en la tierra se unen en un solo culto a Dios (nótese que aun en el cielo el trono de Dios se encuentra por encima del altar. El culto celestial es todavía culto de las criaturas hacia su creador). Pero lo que sigue es también importante. Las oraciones de los santos, unidas a las de la adoración celestial, regresan a la tierra. Y regresan en parte como expresión de la ira de Dios por lo que tiene lugar en la tierra. El ángel llena el incensario de fuego del altar y lo lanza sobre la tierra, donde hay «truenos, voces, relámpagos y un terremoto».

Esto no ha de entenderse como un modo fácil de explicar los desastres naturales. Juan no se está preguntando por qué tales desastres ocurren, y su visión no pretende responder a esa pregunta. La pregunta del momento es más bien: ¿Cómo han de soportar los creyentes las presiones de la sociedad a su derredor y la clara posibilidad de una persecución creciente? ¿Qué deberán pensar al ver que el mundo y la sociedad siguen su propio curso, aparentemente sin mayores preocupaciones, y desentendiéndose de la voluntad de Dios? ¿No se les castigará? Y la respuesta de Juan es un resonante «Sí, se les castigará». Su castigo será tal que hasta los grandes desastres tales como los terremotos no son sino una advertencia de la ira venidera.

### Las primeras cuatro trompetas (8:6-13)

[6]Y los siete ángeles que tenían las siete trompetas se dispusieron a tocarlas.

105

[7]El primer ángel tocó la trompeta, y hubo granizo y fuego mezclados con sangre, que fueron lanzados sobre la tierra; y la tercera parte de los árboles se quemó, y se quemó toda la hierba verde.

[8]El segundo ángel tocó la trompeta, y como una gran montaña ardiendo en fuego fue precipitada en el mar; y la tercera parte del mar se convirtió en sangre. [9]Y murió la tercera parte de los seres vivientes que estaban en el mar, y la tercera parte de las naves fue destruida.

[10]El tercer ángel tocó la trompeta, y cayó del cielo una gran estrella, ardiendo como una antorcha, y cayó sobre la tercera parte de los ríos, y sobre las fuentes de las aguas. [11]Y el nombre de la estrella es Ajenjo. Y la tercera parte de las aguas se convirtió en ajenjo; y muchos hombres murieron a causa de esas aguas, porque se hicieron amargas.

[12]El cuarto ángel tocó la trompeta, y fue herida la tercera parte del sol, y la tercera parte de la luna, y la tercera parte de las estrellas, para que se oscureciese la tercera parte de ellos, y no hubiese luz en la tercera parte del día, y asimismo de la noche.

[13]Y miré, y oí a un ángel volar por en medio del cielo, diciendo a gran voz: ¡Ay, ay, ay, de los que moran en la tierra, a causa de los otros toques de trompeta que están para sonar los tres ángeles!

Como ya se ha dicho, el propósito de los grandes males que vendrán sobre la tierra no es una venganza cruel por parte de un Dios que se regocija al ver el sufrimiento de sus enemigos. Su propósito es más bien llamar al mundo a la obediencia. Es por eso que el poder destructor de todas estas calamidades se limita a una porción de la tierra. Nótese, sin embargo, que mientras el jinete que surge al abrirse el cuarto sello recibe poder sobre la cuarta parte de la tierra, ahora la mayoría de los males que surgen cuando suena cada una de las primeras cuatro trompetas alcanzan a la tercera parte del todo. La advertencia se va haciendo más severa, y las destrucciones son cada vez más amplias. Las calamidades que siguen a las primeras cinco trompetas –así como las que acarrean las copas de ira en el capítulo 16– nos recuerdan las plagas de Egipto, aunque no a manera de mera repetición. Los lectores judíos –o cualquier lector gentil profundamente conocedor de las Escrituras hebreas– inmediatamente pensarían en las acciones portentosas de Dios al liberar al pueblo del yugo egipcio. Pero ahora verían que Juan les habla de acciones aun más portentosas. Esta alusión a Egipto es importante, pues muestra que el Apocalipsis compara al Imperio Romano y la situación existente no solo con el exilio en Babilonia, sino también con el cautiverio en Egipto. Así como la caída de Babilonia le puso fin al exilio, así también el Apocalipsis anuncia la caída de esta nueva Babilonia. Y así como las plagas le dieron fin al cautiverio en Egipto, así también estas nuevas y peores plagas le pondrán fin al orden existente de opresión e injusticia.

Cuando el primer ángel toca la trompeta, el «granizo y fuego» nos recuerdan la séptima plaga de Egipto (Ex 9:23-26). En Éxodo «aquel granizo hirió en toda la tierra de Egipto todo lo que estaba en el campo, así hombres como bestias» y hasta los árboles y la hierba. En Apocalipsis, al tiempo que hay también granizo, lo más temible es el fuego, que «quemó la tercera parte de los árboles, y toda la hierba verde». Juan nos sorprende con algunos ligeros toques inesperados. En todo este pasaje, y en buena parte de lo que sigue, lo que se destruye es la tercera parte de lo existente. Pero la yerba se quema en su totalidad. No se nos explica por qué. Bien podemos imaginar a aquellos primeros lectores haciéndose esa pregunta. Tales detalles inesperados despertarían el interés de la audiencia que escuchaba la lectura del libro, y les recordaría que Dios tiene siempre el poder y la libertad de hacer lo inesperado.

La segunda y tercera trompetas nos recuerdan la primera plaga de Egipto (Ex 7:19-21). Tanto las semejanzas como las diferencias resultan interesantes. En Egipto lo que desata la plaga es la vara de Aarón al tocar las aguas. Aquí el origen de la plaga es mucho más dramático: un monte ardiendo en el caso de la segunda trompeta, y «una gran estrella ardiendo como antorcha» en el caso de la tercera. En Egipto todas las aguas –hasta la que estaba «en los vasos de madera y en los de piedra»– se contaminan. Pero en Egipto la plaga se limita a las aguas de Egipto, mientras en el Apocalipsis la plaga se extiende por toda la tierra. Luego, mientras en Éxodo quienes se oponen a Dios son el Faraón y sus seguidores, en el Apocalipsis quienes se oponen a Dios parecen ser la inmensa mayoría de la humanidad en toda la tierra.

La estrella que cae del cielo al sonido de la tercera trompeta tiene nombre: Ajenjo. Al caer esa estrella, «la tercera parte de las aguas se convirtió en ajenjo». A diferencia de lo ocurrido en Egipto, donde una sola plaga convierte todas las aguas en sangre, aquí una plaga convierte el mar en sangre, y otra convierte las aguas dulces en ajenjo. El ajenjo es una hierba de sabor fuertemente amargo que además es venenosa a tal punto que frecuentemente otras plantas cerca del ajenjo se marchitan y mueren. Luego, la frase «muchos hombres murieron a causa de esas aguas» no quiere decir sencillamente que no les gustaba su sabor. El agua era amarga porque era también venenosa.

Quienes insisten en interpretar el Apocalipsis con un literalismo absoluto no se percatan de que buena parte del poder sobrecogedor de todo el libro se debe precisamente a sus metáforas e imágenes. Si tales imágenes se toman como mera prosa descriptiva, habría que explicar muchas cosas inexplicables. Aquí, por ejemplo, una sola estrella case sobre «la tercera parte de los ríos y sobre las fuentes de las aguas». Tomado literalmente, tendríamos que explicar cómo es que una sola estrella puede caer a la vez en tantos sitios diferentes. Si lo leemos como cuestión de astronomía, esto no tiene sentido. Si lo leemos como Juan lo escribió y como sus lectores lo entenderían, resulta ser una poderosa metáfora poética que nos comunica el alcance de la destrucción mejor que cualquier descripción literal.

Cuando el cuarto ángel toca la trompeta, las plagas alcanzan hasta el cielo mismo. Nótese que la plaga desatada por el primer ángel se refiere a la tierra, y las desatadas por el segundo y el tercero se extienden al mar y todas las aguas. Ahora esta cuarta plaga se vuelve hacia el firmamento. Nada permanece inalterado y seguro —no la tierra, ni el mar, ni siquiera el sol y las estrellas—. Este nuevo desastre es paralelo a la novena plaga en Egipto (Ex 10:21-23), donde Moisés extendió la mano hacia el cielo y «por tres días hubo densas tinieblas sobre toda la tierra de Egipto», excepto entre los hijos de Israel. En el Apocalipsis, la oscuridad es más dramática, pues alcanza a las lumbreras del cielo, el sol, la luna y las estrellas. Y mientras en Egipto la oscuridad duró tres días, aquí es la tercera parte de esas luminarias la que se apaga. La frase «no hubiera luz en la tercera parte del día, y asimismo en la noche» también debe entenderse como una metáfora, y no como si a cierta hora todo quedara a oscuras para entonces volver a iluminarse.

Al terminar la cuarta trompeta, parecería que las calamidades se han extendido por toda la creación —la tierra, el mar y el firmamento—. Pero todavía falta más. En el versículo 13, hay anuncios de mayores calamidades. Un ángel que vuela en medio del cielo grita «ay» tres veces, anunciando los tres toques de trompeta que todavía faltan, y que traerán calamidades aun mayores (lo que la RVR traduce como «un ángel» aparece en algunos manuscritos como «un águila» o «un buitre»).

109

## La quinta trompeta y el primer «ay» (9:1-12)

[1]El quinto ángel tocó la trompeta, y vi una estrella que cayó del cielo a la tierra; y se le dio la llave del pozo del abismo. [2]Y abrió el pozo del abismo, y subió humo del pozo como humo de un gran horno; y se oscureció el sol y el aire por el humo del pozo. [3]Y del humo salieron langostas sobre la tierra; y se les dio poder, como tienen poder los escorpiones de la tierra. [4]Y se les mandó que no dañasen a la hierba de la tierra, ni a cosa verde alguna, ni a ningún árbol, sino solamente a los hombres que no tuviesen el sello de Dios en sus frentes. [5]Y les fue dado, no que los matasen, sino que los atormentasen cinco meses; y su tormento era como tormento de escorpión cuando hiere al hombre. [6]Y en aquellos días los hombres buscarán la muerte, pero no la hallarán; y ansiarán morir, pero la muerte huirá de ellos.

[7]El aspecto de las langostas era semejante a caballos preparados para la guerra; en las cabezas tenían como coronas de oro; sus caras eran como caras humanas; [8]tenían cabello como cabello de mujer; sus dientes eran como de leones; [9]tenían corazas como corazas de hierro; el ruido de sus alas era como el estruendo de muchos carros de caballos corriendo a la batalla; [10]tenían colas como de escorpiones, y también aguijones; y en sus colas tenían poder para dañar a los hombres durante cinco meses. [11]Y tienen por rey sobre ellos al ángel del abismo, cuyo nombre en hebreo es Abadón, y en griego, Apolión.

[12]El primer ay pasó; he aquí, vienen aún dos ayes después de esto.

Como sucede en el caso de los sellos, a partir de la quinta trompeta los pasajes que tratan acerca de las trompetas se van prolongando. Lo que sucede al sonar la quinta trompeta nos recuerda la octava plaga de Egipto (Ex 10:12-19), en la que las langostas invadieron el país. Pero, una vez más, esta plaga del

Apocalipsis es diferente a la de Egipto. En Egipto la langosta consumió toda la vegetación que el granizo había dejado. En el Apocalipsis las langostas reciben instrucciones de no comer lo que normalmente comen y destruyen las langostas, es decir, la vegetación. En su lugar, han de atacar a todas las personas que no tengan «el sello de Dios en sus frentes». Esta gran plaga, en la que el mal les sobreviene solamente a quienes no llevan el sello de Dios, les recordaría a los oyentes conocedores de las tradiciones de Israel que también en Egipto hubo una gran plaga que hirió de muerte a quienes no tuvieran marcadas sus puertas con la sangre de un cordero.

Pero este ataque no es de muerte, sino que lo que las langostas han de hacer es atormentar a sus víctimas como escorpiones. El dolor será tal que «buscarán la muerte, pero no la hallarán; ansiarán morir, pero la muerte huirá de ellos». Los «cinco meses» que tal tormento durará pueden ser una referencia al tiempo que puede durar una invasión de langostas, pues las langostas mueren a los pocos meses y dejan los huevos de los que años más tarde surgirá otra invasión.

Los versículos 7 al 11 describen las langostas de esta terrible plaga. Aquí tenemos ecos de Joel 1:6–2:11, donde el profeta describe una plaga de langostas como si fuera la invasión de un ejército extranjero. Según Joel, «sus dientes son dientes de león, y sus muelas, muelas de león» (Joel 1:6). «Su aspecto, como aspecto de caballos, y como gente de a caballo correrán» (Joel 2:4). De manera semejante, en el Apocalipsis «el aspecto de las langostas era semejante a caballos preparados para la guerra», y «sus dientes eran como de leones». En Joel, el sonido era «como estruendo de carros» (Joel 2:5). En el Apocalipsis, «el ruido de sus alas era como muchos carros de caballos corriendo a la batalla».

Pero esta invasión de langostas que Juan ve es mucho peor que la que Joel describe. Estas langostas del Apocalipsis vienen «del pozo del abismo», es decir, del lugar destinado a servir de prisión para el diablo y sus servidores. Su apariencia es impresionante, puesto que parecen a la vez armadas para la batalla y como seres humanos con rostros humanos y coronas de oro –lo cual indica que son a la vez poderosos e inteligentes– y sus colas son como colas de escorpión, con aguijones.

Lo que es más, estas langostas están organizadas. El autor de Proverbios se maravilla de que las langostas, aun sin tener rey, sepan marchar en orden. Estas langostas del Apocalipsis sí tienen «rey», «el ángel del abismo, cuyo nombre en hebreo es Abadón, y en griego Apolión» (quienes hayan leído *El progreso del peregrino*, de John Bunyon recordarán la figura en forma de dragón que se llama Apolión y que es a la vez quien gobierna el mundo y el enemigo de Cristo). Ambos nombres, uno en hebreo y otro en griego, quieren decir «destrucción». Algunos intérpretes ven en esto una alusión relativamente velada al Imperio Romano, cuyo «rey» Domiciano gustaba darse el nombre del dios Apolo. Esto es posible, puesto que en todo el libro se nota que Juan ve en el Imperio un poder del mal. En todo caso, el cuadro total de este pasaje nos presenta un dolor indescriptible; un dolor tan intenso que la muerte sería mejor.

Imaginemos a la congregación de Esmirna, reunida para escuchar la lectura del mensaje de Juan, que ahora escucha acerca de tales tormentos, y pensando que más allá de tal cosa no podría haber calamidad mayor. El lector se detiene por un momento, cuando esperamos que nos diga que los males han llegado a su colmo, ¡y dice: «El primer ay pasó; pero vienen aún dos ayes después de esto»!

### La sexta trompeta y el segundo «ay» (9:13-21)

[13]El sexto ángel tocó la trompeta, y oí una voz de entre los cuatro cuernos del altar de oro que estaba delante de Dios,

[14]diciendo al sexto ángel que tenía la trompeta: Desata a los cuatro ángeles que están atados junto al gran río Éufrates. [15]Y fueron desatados los cuatro ángeles que estaban preparados para la hora, día, mes y año, a fin de matar a la tercera parte de los hombres. [16]Y el número de los ejércitos de los jinetes eran doscientos millones. Yo oí su número. [17]Así vi en visión los caballos y a sus jinetes, los cuales tenían corazas de fuego, de zafiro y de azufre. Y las cabezas de los caballos eran como cabezas de leones; y de su boca salían fuego, humo y azufre. [18]Por estas tres plagas fue muerta la tercera parte de los hombres; por el fuego, el humo y el azufre que salían de su boca. [19]Pues el poder de los caballos estaba en su boca y en sus colas; porque sus colas, semejantes a serpientes, tenían cabezas, y con ellas dañaban.

[20]Y los otros hombres que no fueron muertos con estas plagas, ni aun así se arrepintieron de las obras de sus manos, ni dejaron de adorar a los demonios, y a las imágenes de oro, de plata, de bronce, de piedra y de madera, las cuales no pueden ver, ni oír, ni andar; [21]y no se arrepintieron de sus homicidios, ni de sus hechicerías, ni de su fornicación, ni de sus hurtos.

Por largas generaciones, lo más temidos enemigos de Israel habían venido del otro lado del Éufrates, de Babilonia y de Asiria. Ahora sucedía lo mismo con el Imperio Romano, cuyo más temido enemigo era Partia. Luego, la imagen de una gran invasión procedente del este no sería nueva para los lectores de Juan. Lo que sí sería nuevo sería la magnitud y las consecuencias de esta invasión. Los invasores serían doscientos millones, lo cual era un número inconcebible en tiempos en que un ejército de cincuenta mil soldados se consideraba invencible. Y, todavía peor, cada uno de estos doscientos millones de invasores —o más bien sus cabalgaduras, pues se dice más de los caballos que de sus jinetes— presentaría un aspecto horripilante.

Los jinetes tenían «corazas de fuego, zafiro y azufre». Y las cabezas de los caballos eran como de leones. Echaban fuego por la boca, además de humo y azufre (también es posible traducir el pasaje entendiendo que había jinetes con diversos colores, de fuego, de zafiro y de azufre, o que los caballos de unos echaban fuego; los de otros, humo; y los de otros, azufre. Pero en todo caso el mensaje es el mismo). Y, para colmo de males, las colas de los caballos tienen cabezas como de serpientes dañinas.

En una descripción como esta, es muy fácil dejarnos llevar por la curiosidad o por la imaginación y tratar de descubrir exactamente qué son estos jinetes, qué es cada color, qué son los caballos con colas como serpientes, etc. Pero al hacer tal cosa perdemos el carácter poético y hasta épico de lo que Juan está diciendo, y hacemos de su mensaje una especie de rompecabezas en el cual cada pieza tiene que caer en su justo sitio, en lugar de un gran canto épico a la victoria de Dios y del Cordero.

Esta gran plaga, nos dice Juan, tiene lugar en «la hora, día, mes y año» preparados por Dios. No es cuestión que los humanos puedan posponer, evitar o acelerar. El fin viene cuando Dios así lo determina. Ni el Faraón en Egipto ni el Imperio en Roma sabían ni sospechaban que su futuro estaba en manos de Dios. Pero así era. Al igual que Egipto y Roma, todos los que construyan sus vidas y su poder sin Dios a la postre descubrirán que sus esfuerzos y sus orgullos son vanos.

Nótese por otra parte que, mientras que en Egipto el Faraón decidió dejar ir a los hijos de Israel cuando la plaga destruyó a los primogénitos del país, la plaga que aquí se describe no tiene el mismo resultado. Al contrario, «los que no fueron muertos con estas plagas, ni aun así se arrepintieron». La tercera parte de ellos murió, pero los demás siguieron en sus viejos caminos.

Esto es una lección que la iglesia no siempre ha aprendido. Con demasiada frecuencia pensamos que mediante el temor convenceremos a las gentes para que crean. A veces hasta usamos este mismo libro del Apocalipsis con ese propósito de asustarles. Pero lo que el Apocalipsis nos da a entender es que, por muy claras que sean las advertencias, las amenazas y hasta las calamidades, quienes no quieren creer seguirán siendo desobedientes.

## La visión del librito: Apocalipsis 10:1-11

[1]Vi descender del cielo a otro ángel fuerte, envuelto en una nube, con el arco iris sobre su cabeza; y su rostro era como el sol, y sus pies como columnas de fuego. [2]Tenía en su mano un librito abierto; y puso su pie derecho sobre el mar, y el izquierdo sobre la tierra; [3]y clamó a gran voz, como ruge un león; y cuando hubo clamado, siete truenos emitieron sus voces. [4]Cuando los siete truenos hubieron emitido sus voces, yo iba a escribir; pero oí una voz del cielo que me decía: Sella las cosas que los siete truenos han dicho, y no las escribas. [5]Y el ángel que vi en pie sobre el mar y sobre la tierra, levantó su mano al cielo, [6]y juró por el que vive por los siglos de los siglos, que creó el cielo y las cosas que están en él, y la tierra y las cosas que están en ella, y el mar y las cosas que están en él, que el tiempo no sería más, [7]sino que en los días de la voz del séptimo ángel, cuando él comience a tocar la trompeta, el misterio de Dios se consumará, como él lo anunció a sus siervos los profetas.

[8]La voz que oí del cielo habló otra vez conmigo, y dijo: Ve y toma el librito que está abierto en la mano del ángel que está en pie sobre el mar y sobre la tierra. [9]Y fui al ángel, diciéndole que me diese el librito. Y él me dijo: Toma, y cómelo; y te amargará el vientre, pero en tu boca será dulce como la miel. [10]Entonces tomé el librito de la mano del ángel, y lo comí; y era dulce en mi boca como la miel, pero cuando lo hube comido, amargó mi vientre. [11]Y él me dijo: Es necesario que profetices otra vez sobre muchos pueblos, naciones, lenguas y reyes.

Una vez más, Juan nos lleva a lo que parece ser el punto culminante, y entonces nos deja en suspenso. Nos dijo que había siete ángeles con siete trompetas. Esto nos dio a entender que al sonar la séptima trompeta llegaría el fin. Las primeras tres trompetas pasaron con relativa rapidez; la cuarta y quinta, no tanto. Ahora la sexta parece estar a punto de terminar, pues se anunciaron tres ayes dentro de ella y ya hemos visto los dos primeros. ¡Falta solamente un ay para que se escuche el sonido de la séptima y última trompeta!

Pero ahora, cuando esperábamos el tercer ay, Juan nos habla de otra visión: «Vi descender del cielo otro ángel fuerte, envuelto en una nube». Lo que es más, si por un momento nos adelantamos un poco en la lectura del Apocalipsis, veremos que lo que sigue a esta visión del ángel fuerte no es todavía la séptima trompeta, sino el pasaje sobre los dos testigos.

Lo que más llama la atención en el capítulo 10 de Apocalipsis, que ahora estamos estudiando, es el librito que el ángel le da a Juan. Todo este capítulo nos recuerda el pasaje de Ezequiel 2:9–3:11, que en cierto modo es el llamado de Ezequiel. Bien puede decirse que esta visión, precisamente en el centro del Apocalipsis, confirma el llamamiento de Juan como profeta y nos asegura que su mensaje, como el de Ezequiel, viene de Dios.

El «ángel poderoso» que desciende del cielo parece no ser otro que Gabriel, cuyo nombre quiere decir «Dios es mi fortaleza». Todas las imágenes que le describen dan la impresión de fuerza y poder: está «envuelto en una nube, con el arco iris sobre su cabeza» (lo cual indica una estatura enorme); su rostro es «como el sol», y sus piernas son «como columnas de fuego». Cuando habla, ruge como un león. Y después que habla, «siete truenos emitieron sus voces» —recordemos una vez más el significado del número siete—; luego, el estruendo es como el de todos los truenos posibles. Juan escucha el mensaje de los truenos y se apresta a escribirlo. Pero el ángel le ordena que no lo haga, sino que lo selle o guarde en secreto. Todo el pasaje describe un ambiente de grandeza y de expectativa dramática.

En medio de esa majestuosa visión, el ángel levanta la mano y anuncia bajo solemne juramento que «en los días del séptimo ángel, cuando él comience a tocar la trompeta, el misterio de Dios se consumará, como él lo anunció a sus siervos los profetas». ¡Estamos ansiosos de llegar a ese momento¡ ¡Que toque la trompeta! ¡Que se revele el poder de Dios y se manifieste el fin de los tiempos!

Ahora se oye una voz del cielo. ¿Será la última trompeta? ¡No! En medio de tanta expectativa de cosas grandes e inauditas, la atención se centra en... ¡un librito! El librito se menciona ya como de pasada en la descripción del ángel (10:2). Pero en medio de las imágenes majestuosas de aquella descripción el librito pasó casi desapercibido.

Este librito, o pequeño rollo, es diferente del gran libro con siete sellos que tiene un lugar tan importante en el capítulo 5. En primer lugar, aquel era un gran libro, y este es pequeño. En segundo lugar, aquel estaba sellado con siete sellos, y este está abierto. Y, en tercer lugar, aquel libro solamente pueden tocarlo Dios y el Cordero, mientras que este pasa de la mano del ángel a la de Juan. Por tanto, no hemos de pensar que este pequeño libro contiene todos los grandes misterios de los eternos designios divinos, sino más bien lo que Juan les ha de anunciar a las iglesias que le han sido encomendadas.

Como Ezequiel en su visión, Juan recibe el mandato de comerse el libro. Y, como Ezequiel, Juan comenta sobre su sabor. Pero, mientras que Ezequiel dice que el rollo era «dulce como la miel», Juan dice que «en mi boca era dulce como la miel, pero cuando lo hube comido amargó mi vientre». Aparentemente, el mensaje que Juan ha de proclamar no es de su agrado; pero es mensaje de Dios, y tiene que anunciarlo. Lo único que sabemos acerca de su encargo es que: «Es necesario que profetices otra vez sobre muchos pueblos, naciones, lenguas y reyes». Aparentemente, aunque se ve obligado a anunciar todas las calamidades que hemos visto, y otras que estamos todavía por ver, Juan no lo hace con agrado.

Tristemente, a través de la historia ha habido numerosos cristianos que, al anunciar las calamidades que han de venir, parecen regodearse en esas calamidades, y darse gusto anunciándolas. Tal no es el caso de Juan. Anuncia las calamidades porque es lo que se le ha ordenado; pero no se regocija en ellas.

## Los dos testigos: Apocalipsis 11:1-14

[1]Entonces me fue dada una caña semejante a una vara de medir, y se me dijo: Levántate, y mide el templo de Dios, y el altar, y a los que adoran en él. [2]Pero el patio que está fuera del templo déjalo aparte, y no lo midas, porque ha sido entregado a los gentiles; y ellos hollarán la ciudad santa cuarenta y dos meses. [3]Y daré a mis dos testigos que profeticen por mil doscientos sesenta días, vestidos de cilicio.

[4]Estos testigos son los dos olivos, y los dos candeleros que están en pie delante del Dios de la tierra. [5]Si alguno quiere dañarlos, sale fuego de la boca de ellos, y devora a sus enemigos; y si alguno quiere hacerles daño, debe morir él de la misma manera. [6]Estos tienen poder para cerrar el cielo, a fin de que no llueva en los días de su profecía; y tienen poder sobre las aguas para convertirlas en sangre, y para herir la tierra con toda plaga, cuantas veces quieran. [7]Cuando hayan acabado su testimonio, la bestia que sube del abismo hará guerra contra ellos, y los vencerá y los matará. [8]Y sus cadáveres estarán en la plaza de la gran ciudad que en sentido espiritual se llama Sodoma y Egipto, donde también nuestro Señor fue crucificado. [9]Y los de los pueblos, tribus, lenguas y naciones verán sus cadáveres por tres días y medio, y no permitirán que sean sepultados. [10]Y los moradores de la tierra se regocijarán sobre ellos

y se alegrarán, y se enviarán regalos unos a otros; porque estos dos profetas habían atormentado a los moradores de la tierra. [11]Pero después de tres días y medio entró en ellos el espíritu de vida enviado por Dios, y se levantaron sobre sus pies, y cayó gran temor sobre los que los vieron. [12]Y oyeron una gran voz del cielo, que les decía: Subid acá. Y subieron al cielo en una nube; y sus enemigos los vieron. [13]En aquella hora hubo un gran terremoto, y la décima parte de la ciudad se derrumbó, y por el terremoto murieron en número de siete mil hombres; y los demás se aterrorizaron, y dieron gloria al Dios del cielo.

[14]El segundo ay pasó; he aquí, el tercer ay viene pronto.

Hay pocos pasajes en todo el ya difícil libro de Apocalipsis que sean tan difíciles de interpretar como este del capítulo 11. Las palabras son sencillas, y lo que se cuenta se entiende claramente. La dificultad está en determinar a qué o a quién se refieren. En particular, ¿quiénes son estos testigos de quienes Juan habla? Y, ¿cómo se les ordena que midan el Templo, cuando el Templo mismo había sido destruido un cuarto de siglo antes?

En el 1907, estas dificultades llevaron al famoso erudito alemán Julius Wellhausen a proponer una teoría según la cual Juan tomó esto prestado de algún otro documento desconocido, pero no logró adaptarlo a su propio tiempo y condición. Según Wellhausen, la orden que Juan recibe, de medir el templo, pero no su patio, se deriva de una profecía de los fanáticos zelotes quienes, cuando Jerusalén cayó en manos romanas al terminar la rebelión del año 70, se refugiaron en el Templo, confiados en una profecía que afirmaba que Dios no permitiría que el Templo fuera conquistado o destruido. El medir el Templo sería entonces un modo de expresar la promesa de protección divina.

En el mejor de los casos, tal teoría nos ayuda a entender el origen del pasaje, pero no nos ayuda a entender lo que significa en este contexto. Y, en el peor de los casos, quiere decir que Juan sencillamente tomó materiales de otras fuentes sin siquiera ocuparse de relacionarlos con las realidades que estaba viviendo. En realidad, no hay que ir tan lejos para interpretar este pasaje. Basta con recordar que probablemente Juan era un cristiano judío, como se deduce de los ecos del arameo que se encuentran en su libro, y de sus constantes alusiones a las tradiciones judías. Ciertamente no concordaba con los judíos que perseguían o excluían a los cristianos, a quienes llega a llamar «sinagoga de Satanás» (2:9; 3:9). Pero seguía siendo judío, y era a la vez como judío y como cristiano que se oponía a la idolatría del Imperio Romano y del orden social en general. Juan nunca diría, como después muchísimos cristianos dirían, que Dios ha rechazado a Israel por haberle dado muerte a Jesús. Sencillamente insistía en que los cristianos son también parte del pueblo de Dios, y en que los cristianos han recibido revelación del mismo Dios que se reveló a Israel.

Al tener esto en cuenta, el pasaje se simplifica. El Templo ha de ser medido para salvaguardarlo. Sobre esto hay un consenso general entre los intérpretes. Esa medida tiene el propósito de establecer linderos. Los verdaderos adoradores de Dios tienen un lugar determinado, mientras que los que no están dentro de los límites medidos del Templo, aunque estén en el patio, están fuera. El patio, el lugar tradicionalmente señalado para quienes no pertenecen a la casa de Israel, no ha de ser medido. Y la razón está clara: «No lo midas, porque ha sido entregado a los gentiles. Ellos hollarán la ciudad santa cuarenta y dos meses».

Cuarenta y dos meses son la mitad de siete años. Si siete representa la plenitud, la eternidad, lo perfecto, la mitad de este número representa lo contrario, lo pasajero, lo incompleto. Luego, el poder de las naciones sobre la ciudad santa es pasajero.

Al leer estas palabras, es bueno recordar que Jerusalén había sido destruida por los Romanos unos veinticinco años antes.

Siempre recordamos, y con razón, que tal acontecimiento fue una tragedia para el judaísmo. Pero lo fue también para los cristianos judíos como Juan. Quizá, como algunos decían, la destrucción de Jerusalén fue castigo por los pecados de Israel; pero así y todo sería una llaga abierta en la memoria de cualquier judío, fuera cristiano o no. Desde el punto de vista de los paganos –de «las naciones»– la destrucción de la ciudad era prueba de que el Dios de Israel y de los cristianos no era tan poderoso como decían. Ahora Juan afirma que esta aparente victoria de «las naciones» sobre los fieles no será permanente. Su tiempo es limitado, aun cuando «hollarán la ciudad santa cuarenta y dos meses».

Es entonces que entran en escena los «dos testigos». Juan los llama también «dos olivos». En la antigua literatura profética había abundantes referencias a Israel como un olivo (cf., por ejemplo, Jer 11:16 y Os 14:6). La misma imagen se empleaba entre cristianos, pues Pablo también se refiere a Israel como un olivo (Rom 11:17). Lo mismo es cierto del candelabro, que había venido a ser símbolo de Israel. Luego, cuando Juan habla de dos olivos o dos candelabros se está refiriendo a dos ramas del pueblo de Dios: Israel y la iglesia.

Estos dos profetizarán «mil doscientos sesenta días, vestidos con ropas ásperas». Ese número de días es lo mismo que los cuarenta y dos meses o tres años y medio ya mencionados. En otras palabras, el tiempo en que estos dos testigos han de profetizar vestidos con ropas ásperas también es limitado. No han de proseguir en la misma tarea y las mismas condiciones para siempre. Visten ropas ásperas porque su tarea es llamar a otros y a sí mismos al arrepentimiento. Tienen gran poder, como se ve en los prodigios que aparecen en los versículos 3 y 6, prodigios que nos recuerdan los que tuvieron lugar en Egipto en tiempos de la liberación de Israel. Pero aun ese poder también se limita a cierto tiempo, hasta que «hayan acabado su testimonio».

121

Entonces «la bestia que surge del abismo» –bestia con la que nos toparemos de nuevo en 13:1– hará guerra contra esos dos testigos y los matará. Sus cadáveres quedarán insepultos en «la gran ciudad que en sentido espiritual se llama Sodoma y Egipto, donde también nuestro Señor fue crucificado». Esto puede referirse a Jerusalén, aunque no hay razón para relacionar a Jerusalén con Sodoma ni con Egipto. Por tanto, es más probable que se refiera más bien a esa gran ciudad que es el presente orden del mundo (no olvidemos que el término griego *pólis*, ciudad, quiere decir no solamente un centro urbano, sino también un estado u orden social). Se trata de un orden y toda una sociedad de corrupción y opresión que por tanto merecen los calificativos de «Sodoma» y «Egipto». En este orden corrupto, «gentes de todo pueblo, tribu, lengua y nación» se niegan a sepultar los cadáveres de los dos testigos, «porque estos dos profetas habían atormentado a los habitantes de la tierra».

En todo esto, Juan describe la situación de su tiempo: Jerusalén ha sido destruida; tanto los judíos como los primeros cristianos han sido esparcidos; su mensaje parecía no tener poder. Tanto Israel como la iglesia eran como dos olivos que habían sido talados, o como dos testigos que habían sido muertos y ahora, insepultos, eran objeto de burla y desprecio.

Pero ese no es el fin. El período en que las naciones se regodearán ante la muerte de los dos testigos durará solamente «tres días y medio» –ahora media semana, otra vez la mitad del número perfecto, aunque ahora en términos de días, no de meses ni de años–. Los profetas vuelven a la vida por obra del Espíritu de Dios. Y no solo eso, sino que son exaltados al cielo y los que antes les persiguieron ahora se aterrorizan y le dan gloria al Dios del cielo.

Es entonces que por fin se anuncia el tan esperado tercer ay: «El segundo ay ya pasó. He aquí que el tercer ay viene pronto».

## *La séptima trompeta: Apocalipsis 11:15-19*

[15]El séptimo ángel tocó la trompeta, y hubo grandes voces en el cielo, que decían: Los reinos del mundo han venido a ser de nuestro Señor y de su Cristo; y él reinará por los siglos de los siglos. [16]Y los veinticuatro ancianos que estaban sentados delante de Dios en sus tronos, se postraron sobre sus rostros, y adoraron a Dios, [17]diciendo: Te damos gracias, Señor Dios Todopoderoso, el que eres y que eras y que has de venir, porque has tomado tu gran poder, y has reinado. [18]Y se airaron las naciones, y tu ira ha venido, y el tiempo de juzgar a los muertos, y de dar el galardón a tus siervos los profetas, a los santos, y a los que temen tu nombre, a los pequeños y a los grandes, y de destruir a los que destruyen la tierra.

[19]Y el templo de Dios fue abierto en el cielo, y el arca de su pacto se veía en el templo. Y hubo relámpagos, voces, truenos, un terremoto y grande granizo.

Por fin, tras larga espera y gran expectativa, aquellos creyentes reunidos en la iglesia de Sardis o en la de Esmirna escuchan la noticia de que el séptimo ángel toca su trompeta. En cierto modo, esto viene un poco de sorpresa, pues se les acaba de decir que el tercer ay está todavía pendiente, y sería lógico pensar que, puesto que los otros dos ayes se abrieron tras la sexta trompeta, el tercero también tendrá lugar antes de la séptima. Pero ahora que por fin se les anuncia la séptima trompeta lo que acontece no son más calamidades, estruendos o prodigios. No hay aquí fuego ni azufre. No hay incendio que consuma la tierra. No hay plagas de langostas ni caballos con colas como serpientes. Al contrario, lo que esta séptima trompeta trae es una gloriosa visión de la adoración celestial.

Esto ha intrigado a los intérpretes de la Biblia y ha resultado en dos líneas diferentes de interpretación. La primera

123

sugiere que esta séptima trompeta, puesto que es el triunfo final de Dios, no trae consigo nuevos sufrimientos o tribulaciones, sino solamente el anuncio y celebración de ese triunfo en la adoración celestial. Según esta línea de pensamiento, al principio del capítulo 12, tras este pasaje sobre la séptima trompeta, se abre toda otra serie de visiones que son diferentes y relativamente independientes de la gran visión que Juan ha estado contando hasta este punto. ¿Por qué es entonces que en 11:14 se anuncia un tercer ay que no tiene lugar? Muchos de quienes siguen esta línea de interpretación sugieren que esas palabras fueron introducidas sencillamente para completar lo que se dijo antes y no se ha cumplido. Algunos hasta sugieren que debe haber sido añadido por algún copista que notó la ausencia del tercer ay.

La segunda línea de interpretación, que parece preferible, es que los acontecimientos que tienen lugar en la tierra después de la séptima trompeta ocupan buena parte del resto del libro. Los portentos y calamidades que se mencionan en los capítulos posteriores –particularmente las copas de ira– son parte del tercer ay. Pero antes de llevar a sus lectores a esas imágenes terribles y trágicas del tercer ay, Juan quiere asegurarles una vez más que la victoria es de Dios. Por lo tanto, aquí al final del capítulo nos ofrece una vista majestuosa de la celebración de esa victoria en el cielo. Mientras todas las luchas que se mencionarán en los capítulos que sigue están teniendo lugar, el cielo ya sabe quién ha de ser vencedor. ¡Y los cristianos también deberíamos saberlo!

La liturgia celestial que se describe aquí es semejante a lo que ya hemos visto. La diferencia más notable es que ahora las «grandes voces» y los veinticuatro ancianos alaban a Dios por la victoria que ha tenido lugar (11:17-18). Además, el capítulo 11 termina con la apertura del templo de Dios en el cielo, y con la presencia del arca del pacto en él. Según una tradición judía bastante común entonces, tanto el Templo de Jerusalén como el arca del pacto tenían su prototipo en el cielo. El Templo de Jerusalén había sido destruido. El arca se había perdido, o quedado escondida en una cueva por acción del profeta Jeremías, según afirmaba otra leyenda. Pero en el cielo todavía estaban el verdadero templo y la verdadera arca. Ahora ese templo se abre, y es posible ver también el arca que era prototipo de la que se perdió en la tierra. Todo esto era un acontecimiento sin paralelo, y por tanto acompañado de «relámpagos, voces, truenos, un terremoto y granizo grande».

Bien podría decirse que este pasaje, en el centro mismo del Apocalipsis, es el punto culminante de todo el libro. Aquí la esencia de su mensaje se expresa en unas pocas pero poderosas palabras: A pesar de la furia de las naciones, el poder de Dios solo a Dios le pertenece, y ha llegado «el tiempo de juzgar a los muertos, de dar galardón a tus siervos los profetas, a los santos y a los que temen tu nombre, a los pequeños y a los grandes, y de destruir a los que destruyen la tierra».

Sobre la base de ese mensaje, los destinatarios del Apocalipsis en las siete iglesias de Asia, así como sus lectores a través de las edades, hasta en las más difíciles circunstancias han podido y podemos enfrentarnos a toda suerte de tribulación con la certeza de que la victoria le pertenece al Dios en quien hemos creído.

# CAPÍTULO VI

## Comienza la gran batalla cósmica: Apocalipsis 12:1-17

Al llegar al capítulo 12, parece que buena parte de lo que Juan ve son los elementos del tercer «ay» que se anunció en 11:14. Al mismo tiempo que las dimensiones cósmicas de su visión van aumentando, aparecen también nuevos personajes y símbolos. Es de notar que entre los símbolos de los próximos capítulos hay dos mujeres, una que representa al pueblo de Dios, y otra que representa al reino de este mundo. Ahora un dragón o serpiente viene a ocupar un lugar céntrico en la escena, junto a otros grandes monstruos, y todos ellos representan el poder del mal. Todo esto lleva al fin de la creación tal como la conocemos.

## *Aparecen los portentos: Apocalipsis 12:1-6*

[1]Apareció en el cielo una gran señal: una mujer vestida del sol, con la luna debajo de sus pies, y sobre su cabeza una corona de doce estrellas. [2]Y estando encinta, clamaba con dolores de parto, en la angustia del alumbramiento. [3]También apareció otra señal en el cielo: he aquí un gran dragón escarlata, que tenía siete cabezas y diez cuernos, y en sus cabezas siete diademas; [4]y su cola arrastraba la tercera parte de las estrellas del cielo, y las arrojó sobre la tierra. Y el dragón se paró frente a la mujer que estaba para dar a luz, a fin de devorar a su hijo tan pronto como naciese. [5]Y ella dio a luz un hijo varón, que regirá con vara de hierro a todas las naciones; y su hijo fue arrebatado para Dios y para su trono. [6]Y la mujer huyó al desierto, donde tiene lugar preparado por Dios, para que allí la sustenten por mil doscientos sesenta días.

¿Quién es esta mujer? Leyendo todo el pasaje, se pueden sugerir varias posibilidades. Puede simbolizar a Israel, tan frecuentemente perseguido y casi totalmente destruido, pero que, sin embargo, dará a luz al Mesías. Puede simbolizar a María, la madre de Jesús. Puede simbolizar a la iglesia, puesto que más adelante, en el versículo 17, se dirá que el dragón hará guerra contra su descendencia. Lo más probable es que el simbolismo sea complejo y tenga varias dimensiones. Esta mujer es el pueblo de Dios, que incluye a Israel, a María y a la iglesia. María es el vínculo biológico entre Israel y la iglesia, lo cual indica que la obra redentora de Dios no es un nuevo comienzo radical, abandonando lo viejo. Los doce apóstoles son también un vínculo semejante con el pueblo del pacto, y las doce estrellas en la corona de la mujer parecen apuntar hacia ellos. Al final del Apocalipsis volveremos a encontrar el énfasis en el lugar de los apóstoles como vínculo entre lo viejo y lo nuevo (Ap 21:12-14).

La mujer está «vestida del sol» con toda su luminosidad. Es un ser celestial. Pero cuando se la presenta está sufriendo dolores de parto. A fin de entender el alcance de estos versículos para su primera audiencia, sumida como estaba en las Escrituras hebreas, tenemos que recordar algunos puntos específicos del Génesis: las maldiciones sobre la serpiente, la mujer, el varón y la tierra, todo a consecuencia del pecado. En el caso de la mujer, tendrá que sufrir dolores en el parto. Luego esta mujer cósmica, con todo y estar vestida del sol, es también una mujer que vive bajo las maldiciones del pecado.

A ella se enfrenta un gran dragón, también de proporciones cósmicas. Esta serpiente o dragón tiene siete cabezas y diez cuernos, y todas las cabezas están coronadas. Tales imágenes nos recuerdan el capítulo 7 de Daniel, donde este ve cuatro grandes bestias que salen del mar, de las cuales la última tiene diez cuernos. Esas bestias representan reinos cuyo gobierno es demoníaco y aterra al pueblo de Dios. Ahora aquí, en la visión de Juan, hay un dragón cuyo gobierno es peor y más poderoso. En tiempos de Juan, era Roma quien encabezaba tal gobierno. Pero en sus dimensiones cósmicas este dragón es mucho mayor, pues puede destruir no solamente la tierra, sino también las estrellas. El dragón se opone directamente a la mujer, y está en espera del nacimiento de su hijo para devorarlo.

Buenos conocedores de Génesis 3, los primeros receptores del Apocalipsis no se sorprenderían ante tal oposición. La maldición sobre la serpiente en Génesis 3 incluye el anuncio del conflicto entre la serpiente y la descendencia de la mujer. Si por un lado la serpiente le morderá el talón a la mujer, la descendencia de la mujer aplastará la cabeza de la serpiente. La iglesia veía en esto una profecía del triunfo de Jesús sobre el mal.

La iglesia antigua frecuentemente se refería a María, la madre de Jesús, como la segunda Eva. Su hijo desharía el mal hecho por la primera Eva y su descendencia. Esto es paralelo al uso que Pablo hace del tema del primer Adán y el segundo, en Romanos 5:14. En pinturas medievales y posteriores, frecuentemente se presenta a María como la mujer vestida del sol, con una corona de doce estrellas y de pie sobre la luna. Esto es una interpretación demasiado estrecha de lo que Juan dice, ya que el portento que se describe en Apocalipsis va mucho más allá de la persona de María. Y, del lado contrario, el intento por parte de muchos de dejar a María fuera de este cuadro es también una interpretación demasiado estrecha. Para la iglesia antigua, María es símbolo tanto de la restauración de Eva como del comienzo de la iglesia.

Se nos dice que la mujer dio a luz «un hijo varón» que regiría «a todas las naciones con vara de hierro». Esto es señal clara de que se trata del Mesías, puesto que es una cita del Salmo 2, que para la iglesia antigua era también una profecía mesiánica. El salmo nos presenta a Dios burlándose del modo en que las gentes y los pueblos conspiran contra Dios y su Ungido. En el versículo 7 Dios le dice al Ungido: «Mi hijo eres tú; yo te engendré hoy». Y entonces le promete que le dará por herencia todas las naciones, cuya resistencia romperá «con vara de hierro». Luego, el hijo que nace de la mujer en la visión de Juan es el Ungido, el verdadero rey de todo, el Mesías.

Este versículo del Salmo 2 ya fue citado anteriormente en la carta a la iglesia en Tiatira (2:26-27), donde Jesús dice que al vencedor le dará «autoridad sobre las naciones; las regirá con vara de hierro». Aquí, en el capítulo 12, es la descendencia de la primera mujer quien se enfrentará a la descendencia de aquella primera serpiente en el Edén. Se va preparando el escenario para una gran batalla cósmica entre Dios y las fuerzas del mal que se han apoderado de la vieja creación. Hasta esta mujer, que da a luz al Mesías, sufre los dolores de parto. Ella también es parte de la vieja creación que tiene que ser redimida por este a quien dará a luz.

«Y su hijo fue arrebatado para Dios y para su trono». Aquí hay una extraña combinación de alcance cósmico e imágenes terrestres. La mujer no está ya en el cielo, sino en medio de la vieja creación, donde el mal todavía domina. Es aquí que nace su hijo, y es aquí que el dragón acecha; pero el hijo escapa de su poder siendo arrebatado y llevado al trono de Dios. Si damos por sentado que Jesús es la figura mesiánica a que Juan se refiere –de lo cual no cabe duda– entonces podemos decir que todo el ministerio terrenal de Jesús, incluso su muerte, resurrección y ascensión, se resume dentro de la brevísima palabra «Y». Ese «y» es también un «pero»: el dragón quería destruir al hijo, pero no pudo; la muerte fue como una herida en el talón, pero el Mesías vive más allá de la muerte, en el trono de Dios. En el Credo Apostólico se deja bien claro que la labor del Mesías sobre la tierra se ha cumplido al decir: «Ascendió al cielo, y está sentado a la diestra de Dios».

Entretanto, la mujer permanece en la vieja creación. Pero no queda indefensa. Dios ha preparado un lugar para ella en el desierto, donde será sustentada por largo tiempo (12:6).

Los ecos del Éxodo resultan obvios. El pueblo de Dios, tras la resurrección y ascensión de Jesús, está en el desierto y se alimenta del nuevo maná, pan del cielo, la Comunión. De algún modo misterioso esto les une al que está en el trono de Dios. La iglesia en tiempos de Juan se reconocería a sí misma en tales palabras. En el centro de su vida y pensamiento estaban no solamente las Escrituras, sino también el Bautismo y la Comunión, ambos fundamentados en imágenes y experiencias de la vida e historia de Israel. Jesús se refirió a sí mismo como pan del cielo que, a diferencia del antiguo maná, les daría vida eterna a quienes comieran de él (Jn 6:31-35; 49-58). Los lectores de Juan inmediatamente verían este paralelismo: así como Israel fue alimentado con el maná en el desierto camino a la Tierra Prometida, así también la iglesia se nutre de Cristo, pan del cielo, mientras en su propio desierto espera la venida del reino final de Dios.

¿Cuánto tiempo durará esta espera en el desierto? Una vez más nos topamos con este extraño número, 1.260 días –42 meses; tres años y medio–. Como hemos visto esto quiere decir que se trata de un tiempo limitado, y por tanto soportable. La iglesia ha de sobrevivir; esto está garantizado. Pero los cristianos individuales quedan todavía sujetos al sufrimiento y a la posibilidad del martirio, como ya hemos visto y volveremos a ver. El Apocalipsis nos diría que no hay razón alguna para que un creyente diga, «debo salvar *mi* vida para que la iglesia se salve». La salvación y preservación de la iglesia viene de Dios, y no de cualquier acción por parte de los cristianos.

En cierto modo, estos portentos que se refieren a la venida del Mesías, su victoria y su presencia ante el trono de Dios no son sino el principio de la batalla final. Son señales de que el Mesías ya ha vencido. Está ante el trono. Eso es seguro. Pero el dragón todavía está suelto.

## *La batalla celestial: Apocalipsis 12:7-12*

[7]Después hubo una gran batalla en el cielo: Miguel y sus ángeles luchaban contra el dragón; y luchaban el dragón y sus ángeles; [8]pero no prevalecieron, ni se halló ya lugar para ellos en el cielo. [9]Y fue lanzado fuera el gran dragón, la serpiente antigua, que se llama diablo y Satanás, el cual engaña al mundo entero; fue arrojado a la tierra, y sus ángeles fueron arrojados con él. [10]Entonces oí una gran voz en el cielo, que decía: Ahora ha venido la salvación, el poder, y el reino de nuestro Dios, y la autoridad de su Cristo; porque ha sido lanzado fuera el acusador de nuestros hermanos, el que los acusaba delante de nuestro Dios día y noche. [11]Y ellos le han vencido por medio de la sangre del Cordero y de la palabra del testimonio de

ellos, y menospreciaron sus vidas hasta la muerte. [12]Por lo cual alegraos, cielos, y los que moráis en ellos. ¡Ay de los moradores de la tierra y del mar! porque el diablo ha descendido a vosotros con gran ira, sabiendo que tiene poco tiempo.

La escena cambia y se presenta un nuevo personaje, Miguel. El dragón está en el cielo junto a sus ángeles, enfrentándose al ángel Miguel y a sus ángeles. Esto no quiere decir que la victoria del Mesías no valga, o que todo dependa de la victoria de Miguel sobre el dragón. Al contrario, precisamente porque el Mesías ha escapado del poder del dragón y le ha vencido, ahora es necesario seguir a esa victoria con un proceso que se deshaga de todo resto del poder del dragón.

Antes de la victoria del Mesías, el dragón tenía gran poder. Ahora, porque ha sido herido de muerte, tanto él como sus huestes serán derrotados. La batalla es breve y contundente. El dragón y su ejército ya no pueden nada, y Miguel y sus ángeles le derrotan. Pero esa derrota tiene lugar solamente en el cielo. Todavía hay batallas que pelear en la tierra, aunque aquí también se sabe ya quién resultará vencedor.

¡Cuán extraño nos parece esto de que el dragón –o la serpiente, o el diablo, o Satanás– estén en el cielo! ¿Quién es este Satanás? Ciertamente, nada es totalmente independiente de Dios. Todo cuanto hay fue creado por Dios; y cuanto Dios hizo, Dios vio que era bueno. Tradicionalmente pensamos que Satanás es un ángel caído, creado por Dios, pero que utilizó para mal la libertad que Dios le dio. En tal caso, bien podríamos pensar que tal ángel estaría fuera del cielo desde mucho tiempo antes, quizá desde antes de la creación de esta tierra y sus habitantes. La serpiente en el Edén muestra que el diablo ya había caído y seguía activo.

Pero cuando leemos toda la Biblia, la cuestión no es tan sencilla. En Lucas 10:18, cuando los 70 discípulos salean a anunciar el evangelio del reino, Jesús dice: «Yo veía a Satanás caer del cielo como un rayo». En Hebreos 9:32, se nos dice que fue necesario que las cosas celestiales fueran purificadas por el sacrificio de Cristo. Los poderes del mal no han corrompido solamente la tierra, sino que también han perturbado el cielo. La obra del Mesías no fue solamente librar a la tierra del pecado, sino también purificar el cielo mismo. Pero todo esto hay que colocarlo en el contexto del poder y providencia de Dios. El mal no está jamás fuera de todo control por parte de Dios, y es solamente el poder de Dios lo que puede vencer al mal. La obra del Mesías es obra de Dios, poniéndole fin al dominio del mal. Pero antes de llegar a este punto, el poder del mal se manifiesta en toda la creación, incluso esa parte de la creación que llamamos «cielo». Ahora el Mesías ha vencido. Su tarea ha sido completada. El cielo ha sido purificado.

¿Quién es Miguel? En las visiones de Daniel (Dn 10:18-20), es el jefe de las huestes de Dios. Su tarea específica es proteger al pueblo de Dios del dragón y de sus ángeles. En Judas 9 se le llama «arcángel», y se dice que disputaba con el diablo por el cuerpo de Moisés.

Ahora un himno acerca de la mujer y el dragón se introduce en la narración. No es posible saber si es un himno que Juan ya conocía y que se empleaba en las iglesias, o si es un himno que le es dado en la visión misma. En todo caso, va directamente al meollo de la cuestión. Como hemos visto en todo lo que antecede, las visiones de Juan frecuentemente incluyen himnos. Estos himnos señalan el gran gozo y celebración que hay en el cielo. En particular, celebran la victoria del Mesías.

El que ha sido expulsado del cielo, el diablo, se llama aquí «el acusador». Le lleva a Dios acusaciones contra los fieles. También trata de tentarles para que se aparten de los caminos de Dios y así poder acusarles de infidelidad. En el huerto de Edén, la serpiente tienta a Adán y Eva a comer del fruto prohibido. En 1 Crónicas 21:1, Satanás convence a David a hacer un censo de Israel para asegurarse de que tiene las fuerzas para vencer al enemigo, y no dejar la victoria en manos de Dios. En los primeros dos capítulos de Job, Satanás acusa a Job de ser fiel solamente porque todo marcha bien. Entonces Dios permite que Satanás aflija a Job precisamente para mostrar su fidelidad. Job insiste en su inocencia, pero descubre que ante el Todopoderoso afirmar nuestra propia inocencia es hablar de lo que no entendemos (Job 42:1-3). En la visión de Zacarías (Zac 3:1-2), Satanás es el acusador ante el sumo sacerdote. Pero, en lugar de escuchar tales acusaciones, Dios reprende a Satanás y perdona la culpa del pueblo. En otras palabras, lo que salva al pueblo no es su inocencia, sino el perdón de Dios. Satanás anuncia su culpa. Dios anuncia su perdón.

Este es el mismo patrón que vemos en este himno. Satanás es «el acusador de nuestros hermanos... que los acusaba delante de nuestro Dios día y noche». La respuesta no es que sean inocentes y se les haya acusado falsamente. La respuesta del himno es que «han vencido por medio de la sangre del Cordero». Viven gracias al perdón que ha sido dado mediante Cristo. Lo que es más, estos que «menospreciaron sus vidas hasta la muerte» no lo hicieron para que se les perdonara, sino porque se les había perdonado. Esto es el corazón mismo del evangelio.

El himno continúa. En 12:12 se declara tajantemente la diferencia entre quienes han sido liberados del poder del mal y quienes todavía están con sus cadenas. El cielo puede regocijarse porque los poderes del mal han perdido su poder. Satanás ha sido expulsado. Pero ha sido lanzado a la tierra, y por tanto aquí no es todavía el momento para el mismo regocijo. La tierra y el mar ahora tendrán que enfrentarse al diablo y sus huestes, que ya saben de la victoria del Cordero. Satanás sabe «que tiene poco tiempo», porque ya ha perdido la gran batalla en el cielo. Y por tanto está enfurecido.

Un tema que aparece de varios modos en todo el Apocalipsis es la pegunta: Si ya Cristo es el vencedor, ¿por qué es que nuestra vida en el mundo se nos hace más difícil cada día? ¿Por qué aumentan las persecuciones? ¿Por qué parece que a cada momento Roma tiene mayor poder sobre nosotros? La respuesta de este himno es que debemos esperar que los males de este mundo continúen empeorándose ahora que Satanás puede centrar su atención en la tierra. El diablo es como una bestia herida, que se vuelve más mortífera precisamente porque está mortalmente herida.

## El peligro presente: Apocalipsis 12:13-17

[13]Y cuando vio el dragón que había sido arrojado a la tierra, persiguió a la mujer que había dado a luz al hijo varón. [14]Y se le dieron a la mujer las dos alas de la gran águila, para que volase de delante de la serpiente al desierto, a su lugar, donde es sustentada por un tiempo, y tiempos, y la mitad de un tiempo. [15]Y la serpiente arrojó de su boca, tras la mujer, agua como un río, para que fuese arrastrada por el río. [16]Pero la tierra ayudó a la mujer, pues la tierra abrió su boca y tragó el río que el dragón había echado de su boca. [17]Entonces el dragón se llenó de ira contra la mujer; y se fue a hacer guerra contra el resto de la descendencia de ella, los que guardan los mandamientos de Dios y tienen el testimonio de Jesucristo.

El conflicto con el dragón herido cobra fuerzas. Al mismo tiempo continúa la narración sobre la mujer que dio a luz. Antes de la sección acerca del conflicto en el cielo, la mujer había ido al desierto, a un lugar de seguridad que Dios le había preparado. No está claro si lo que se dice en el versículo 14 es solo una repetición de lo dicho anteriormente, o si se quiere dar a entender que la mujer había estado fuera de su refugio y ahora vuelve a él. Lo que sí está claro es que la iglesia primitiva no había sufrido la misma persecución por parte del Imperio Romano que ahora empezaba a aparecer en Asia Menor. Dios protege a la mujer, dándole alas de águila para que pueda ir al desierto. El tiempo que ha de pasar en el desierto es el mismo que ya hemos visto: 1.240 días, o 42 meses, o tres años y medio, aunque aquí se expresa de otro modo: «tiempo, tiempos y la mitad de un tiempo», donde cada «tiempo» corresponde a un año. Y el mensaje es el mismo: Dios guarda a la iglesia del poder del maligno. «Las puertas del Hades no la dominarán» (Mt 16:18).

El dragón intenta destruir a la mujer en el desierto. De su boca sale una gran inundación, como un río. Esto nos recuerda tanto el Éxodo como la historia de Noé. Como en Éxodo, los fieles son guardados de la amenaza de las aguas. Y lo que aquí se cuenta es la contraparte de la historia del diluvio, puesto que en tiempos de Noé Dios produjo el diluvio para limpiar la tierra (Gn 3:17-18), pero en esta narración es Satanás quien trata de eliminar a los fieles mediante una inundación.

La mujer es rescatada. Es importante notar la fuente de su rescate, pues ahora es la tierra la que se abre y traga el agua enviada por el dragón. En Génesis 3, parte de la maldición cae sobre la tierra, que se vuelve enemiga del humano y le obliga a trabajar para buscar su sustento (Gn 3:17-18). Ahora, cuando los poderes del mal amenazan, es la tierra la que acude en beneficio de los fieles, tragándose la inundación que amenaza a la mujer.

¡No nos sorprendamos ante la ira del dragón! Primero él y sus ángeles fueron expulsados del cielo. Entonces trató de atacar a la mujer que era símbolo de los fieles en la tierra, pero no lo logró porque hasta la tierra, que antes estuvo en manos del diablo, se negó a participar en sus intenciones.

Estos últimos versículos del capítulo 12 crean el escenario para los capítulos dramáticos que siguen. El dragón todavía no se da por vencido. Recordemos que en el himno en 12:12 tanto el mar como la tierra sufrirán un «ay», pues el dragón ha sido expulsado del cielo y caído sobre ellos. Ahora el dragón está a punto de dar su próximo paso contra los fieles en la tierra.

La ira del dragón se dirige ahora contra los más vulnerables, los hijos de la mujer, los fieles que están en la tierra, quienes guardan los mandamientos de Dios, quienes permanecen fieles en su testimonio de Jesús. Estos son los próximos que sufrirán la ira del dragón. Es a ellos que todo el Apocalipsis se dirige, y les explica por qué los poderes del mal se han volcado sobre ellos. Tales poderes se describirán más plenamente en los próximos capítulos.

# CAPÍTULO VII

## Comienza el conflicto en la tierra: Apocalipsis 13:1–14:20

El centro del conflicto se mueve ahora en un tiempo y lugar que serían mejor conocidos por los primeros lectores del libro que Juan les envía. Mientras en el capítulo 12 la visión tenía dimensiones cósmicas, estos capítulos que siguen, al tiempo de se refieren a bestias sobrenaturales y grandes conflictos, se ocupan también de las condiciones políticas y religiosas en que vivían aquellas iglesias a que el libro se dirige. Pero la mayoría de esas referencias son algo crípticas, en parte porque se trata de visiones y en parte porque tratan sobre asuntos políticos que podrían ser peligrosos.

### *La bestia que sube del mar: Apocalipsis 13:1-10*

Al empezar este capítulo, se hace necesaria una aclaración. El verbo que aparece al principio del capítulo, «me paré», en algunos manuscritos antiguos dice «se paró». La RVR prefiere «me paré», pero otras versiones prefieren «se paró». En el primer caso, es Juan quien se para a la orilla del mar, mientras que en el segundo es el dragón. Ahora bien, puesto que las divisiones en capítulos y versículos no aparecen en los manuscritos antiguos, sino que son creación posterior, la división entre capítulos variará según se traduzca como «se paró» o como «me paré». La RVR entiende que el sujeto de este verbo es Juan, y por tanto lo pone al principio del capítulo 13. Pero las versiones que entienden que el sujeto es el dragón incluyen entonces un versículo 18 que dice «Se paró sobre la arena del mar». Y entonces el capítulo 13 empezaría diciendo «Y vi subir del mar…». La cuestión no es de mucha importancia, pues en todo caso, sea lo uno o lo otro, la acción tiene lugar en la misma costa. Lo señalamos aquí para aclarar alguna confusión que pueda surgir debido a la diferencia entre unas Biblias que tienen un versículo 12:18 y otras que no lo tienen.

[1]Me paré sobre la arena del mar, y vi subir del mar una bestia que tenía siete cabezas y diez cuernos; y en sus cuernos diez diademas; y sobre sus cabezas, un nombre blasfemo. [2]Y la bestia que vi era semejante a un leopardo, y sus pies como de oso, y su boca como boca de león. Y el dragón le dio su poder y su trono, y grande autoridad. [3]Vi una de sus cabezas como herida de muerte, pero su herida mortal fue sanada; y se maravilló toda la tierra en pos de la bestia, [4]y adoraron al dragón que había dado autoridad a la bestia, y adoraron a la bestia, diciendo: ¿Quién como la bestia, y quién podrá luchar contra ella?

[5]También se le dio boca que hablaba grandes cosas y blasfemias; y se le dio autoridad para actuar cuarenta y dos meses. [6]Y abrió su boca en blasfemias contra Dios, para blasfemar de su nombre, de su tabernáculo, y de los que moran en el cielo. [7]Y se le permitió hacer guerra contra los santos, y vencerlos. También se le dio autoridad sobre toda tribu, pueblo, lengua y

nación. [8]Y la adoraron todos los moradores de la tierra cuyos nombres no estaban escritos en el libro de la vida del Cordero que fue inmolado desde el principio del mundo. [9]Si alguno tiene oído, oiga. [10]Si alguno lleva en cautividad, va en cautividad; si alguno mata a espada, a espada debe ser muerto. Aquí está la paciencia y la fe de los santos.

Ahora aparece una bestia que «sube del mar». Es posible que el dragón la haya convocado, o quizá surgió espontáneamente. Lo que sí está claro es que el dragón controla a esta bestia. Por tanto, es posible pensar que el dragón la convoca del mar para que le sirva.

La descripción de la bestia es importante porque se asemeja al dragón. El cuerpo de la bestia combina elementos de todas las bestias de la visión de Daniel (Dn 7:3-7). La bestia que sale del mar es entonces agente del dragón. La bestia representa al Imperio Romano, de manera semejante a como las bestias en la visión de Daniel representaban a los poderes políticos que pretendían destruir al pueblo de Dios. Recordemos que desde el punto de vista de Asia Menor los romanos venían a través del mar. Viendo sus navíos aproximarse parecería que salían del mar. Juan une las imágenes de Daniel con las realidades del Imperio Romano y de la provincia de Asia en sus propios días.

Quien le da poder y autoridad a la bestia del mar es el dragón. Las estructuras políticas y sociales no son necesariamente agentes del mal. Pero el Imperio Romano, en su servicio a la idolatría, la explotación y la corrupción, se ha vuelto agente del mal, agente del dragón. Tal no fue siempre el caso. Pablo escribió líneas positivas acerca del Imperio Romano cuando llamó a los creyentes a obedecer a sus autoridades (Rom 13:6-7) como cuando afirmó su propia ciudadanía romana (Hch 16:37; 22:25-29). Pero hacia finales del siglo primero los emperadores empezaron a cambiar en cuanto a lo que reclamaban para sí y lo que decían ser. Ahora empezaban a reclamar derechos y honores divinos, y desde el punto de vista cristiano esto era inaceptable.

Juan describe a la bestia en una especie de paralelismo con el Cordero, de igual manera que el dragón es paralelo y contrario a Dios. El Cordero ha recibido poder y autoridad como agente de Dios para crear un pueblo redimido. La bestia del mar es el agente del dragón para destruir a ese pueblo creando una sociedad irredenta, y para eso ha recibido del dragón poder y autoridad. El Cordero murió y resucitó. La bestia ha recibido una herida mortal, pero ha sanado. La congregación celestial adora a Dios y al Cordero, mientras el reino del mundo adora al dragón y a la bestia.

La bestia que sale del mar tiene blasfemias escritas en sus siete cabezas, y habla «arrogancias y blasfemias». Esto es un punto fundamental para Juan. A lo largo del siglo primero, los emperadores romanos habían ido reclamando para sí títulos divinos. Primero se les consideró divinos después de su muerte, y ahora hasta eso iba cambiando. Se decía que Domiciano, quien reinó del año 81 al 96, quería que le dieran el título de «Señor Dios». Luego, el problema no era que los emperadores atacaran o criticaran al Dios de los cristianos, sino más bien que se atribuían títulos y honores que le correspondían solo al único Dios. Al hacer tal cosa, blasfeman contra Dios, y las estructuras políticas que les sostienen y les rinden tributos divinos blasfeman también. En tal caso, esas estructuras políticas se vuelven demoníacas. Esto es lo que ha sucedido en el Imperio Romano. Cuando Juan escribió su visión, todavía no se había llegado al punto de ordenar que todos adoraran al emperador, pero la amenaza estaba en el horizonte, y el tiempo llegaría cuando los creyentes tuviesen que responder a tales órdenes imperiales.

En 13:5 se nos dice que «se le dio autoridad para actuar por cuarenta y dos meses». Quien le da esa autoridad es Dios, cuya autoridad es mucho mayor que la del dragón. Dios permite que los poderes del mal acosen hasta a los fieles. Pero esto será así solamente por un tiempo limitado, los 42 meses repetidamente mencionados antes.

Veamos los diversos elementos o poderes que operan durante estos «tiempo, tiempos y medio tiempo», o «1.260 días», o «42 meses». Primero, se les permite a las naciones hollar sobre la ciudad santa (11:2); segundo, los dos testigos profetizan en la ciudad santa (11:3); tercero, la mujer vestida con el sol encuentra refugio en el desierto (12:6, 14); y, cuarto, se le permite blasfemar a la bestia que sale del mar (13:5). Cuarenta y dos meses fue también el tiempo durante el cual el Templo de Jerusalén fue profanado bajo el gobierno de Antíoco Epifanes, acerca de lo cual tratan las visiones de Daniel. El problema es el mismo: las estructuras políticas se habían vuelto objeto de culto, reclamando para sí un honor que solo le pertenece a Dios. Aquel período terminó con la reconsagración del Templo. Como ya hemos dicho, aquí y en todo el Apocalipsis ese número de días o meses es un modo de afirmar que a los poderes del mal se les permite tener poder solamente por cierto tiempo, y no para siempre. Es Dios quien les permite obrar, tanto para probar a los fieles como para poner al descubierto el pecado del resto.

A la bestia del mar se le permite hacer guerra contra los fieles, y hasta darles muerte. Tiene además «autoridad sobre toda tribu, pueblo, lengua y nación», de manera semejante al Cordero, quien ha redimido a personas «de todo linaje, lengua, pueblo y nación» (5:9). Toda la población de la tierra quedará así dividida en dos grupos: quienes adoran al Cordero y quienes adoran a la bestia. En tal situación, la fidelidad se define como resistencia a la bestia, aunque sea a precio de muerte.

Juan termina esta sección con un breve poema: «Si alguno lleva en cautividad, a cautividad irá. Si alguno mata a espada, a espada será muerto» (13:10). La segunda parte del poema se hace eco de las palabras de Jesús cuando fue traicionado:

«Todos los que toman espada, a espada perecerán» (Mt 26:52). Ahora, en el contexto del Apocalipsis, parecen ser palabras de advertencia a quienes persiguen a la iglesia.

Pero todo el pasaje tiene fuertes reminiscencias de Jeremías, quien dice algo parecido dos veces. Primeramente, en el capítulo 15 dice: «El que a espada, a espada... y el que a cautiverio, a cautiverio» (Jer 15:2). Y luego repite prácticamente las mismas palabras (Jer 43:11). En el primer caso estas palabras son parte de una profecía antes del Exilio. En el segundo, son palabras contra quienes se han refugiado en Egipto pensando que de ese modo van a escapar de las consecuencias de la invasión babilónica, advirtiéndoles que su fuga será en vano, pues Babilonia llevará a Egipto los mismos estropicios de los que han huido. En Apocalipsis 13:8-10, se llama a aquellos cuyos nombres están escritos en el libro de la vida «desde el principio del mundo» a perseverar por el tiempo (los 42 meses) que durará el poder del mal. Si su destino es la cautividad o la muerte a espada, ese destino se cumplirá. Como aquellos fugitivos que mucho antes huyeron a Egipto, ellos tampoco podrán escapar de las tribulaciones que los poderes del mal traerán sobre ellos.

## La bestia que sale de la tierra: Apocalipsis 13:11-18

[11]Después vi otra bestia que subía de la tierra; y tenía dos cuernos semejantes a los de un cordero, pero hablaba como dragón. [12]Y ejerce toda la autoridad de la primera bestia en presencia de ella, y hace que la tierra y los moradores de ella adoren a la primera bestia, cuya herida mortal fue sanada. [13]También hace grandes señales, de tal manera que aun hace descender fuego del cielo a la tierra delante de los hombres. [14]Y engaña a los moradores de la tierra con las señales que se le ha permitido hacer en presencia de la bestia, mandando a

los moradores de la tierra que le hagan imagen a la bestia que tiene la herida de espada, y vivió. <sup>15</sup>Y se le permitió infundir aliento a la imagen de la bestia, para que la imagen hablase e hiciese matar a todo el que no la adorase. <sup>16</sup>Y hacía que a todos, pequeños y grandes, ricos y pobres, libres y esclavos, se les pusiese una marca en la mano derecha, o en la frente; <sup>17</sup>y que ninguno pudiese comprar ni vender, sino el que tuviese la marca o el nombre de la bestia, o el número de su nombre. <sup>18</sup>Aquí hay sabiduría. El que tiene entendimiento, cuente el número de la bestia, pues es número de hombre. Y su número es seiscientos sesenta y seis.

Ahora aparece otra bestia, y con ello la degradación va en aumento. Esta bestia sale de la tierra, y no del mar. Esta bestia también está sometida al poder del dragón, pero por mediación de la bestia que sale del mar. Su tarea es hacer «que la tierra y sus habitantes adoren a la primera bestia». Si la primera bestia representa las estructuras políticas del Imperio Romano que se han apropiado de títulos y autoridad que le corresponden solamente a Dios, entonces esta segunda bestia representa las estructuras locales tanto políticas como religiosas que apoyan el culto al emperador y a la misma Roma. Esto incluiría no solamente a los sacerdotes y líderes de tales cultos, sino también las muchas instituciones en Asia Menor que de diversos modos mostraban su simpatía o su apoyo al culto al emperador. La bestia «sube» de la tierra porque es la manifestación autóctona del poder del dragón, mediado por la bestia que sale del mar.

La bestia que sube de la tierra «tenía dos cuernos semejantes a los de un cordero, pero hablaba como un dragón». Los poderes del mal imitan a los del bien, y hasta se hacen pasar por ellos. Aparentemente la principal tarea de esta bestia de la tierra es proclamar la divinidad de la bestia que sale del mar y llamar a todos a servirle y adorarle.

145

Si entones comparamos esto con lo que se ha dicho antes, vemos que hay dos listas que son contraparte la una de la otra. De un lado están Dios, el Cordero y los dos testigos; del otro están el dragón, la bestia que sube del mar y la bestia que sale de la tierra. Y las dos listas son paralelas.

A imitación de los dos testigos, la bestia de la tierra llama a la adoración y hace señales y maravillas, particularmente con fuego. Lo que es más, esta bestia tiene buen éxito en lo que pretende. Hace que se construyan imágenes de la bestia que sube del mar —aparentemente, del emperador, o altares a la diosa Roma— para que allí se le adore. Y hasta tiene poder para hacer que la imagen hable y exija culto de todos, bajo pena de muerte para quienes se nieguen (sabemos de casos en que los sacerdotes de los cultos paganos se las arreglaban para hablar de tal modo que pareciera que la voz venía del dios). En todo caso, lo importante es lo que sus palabras dicen: quien no le adore, será muerto.

Para esa fecha, hacia finales del siglo primero, el culto al emperador se iba haciendo cada vez más fuerte. Domiciano —quien reinaba en tiempos del Apocalipsis— se hizo construir una estatua en Éfeso cuyas ruinas dan prueba que tendría unos siete metros de altura. A través de toda Asia Menor había templos dedicados al culto de Roma y del emperador. Esto era relativamente nuevo, y Juan da el toque de alarma. Aunque no se buscaba a los cristianos para castigarlos, sí corrían siempre el peligro de que alguien les delatara por cualquier razón, y que una vez ante los tribunales se les ordenara adorar al emperador en señal de lealtad. Si no lo hacían, se les consideraría desleales y hasta subversivos, y se les condenaría a muerte.

Hay otro medio que la bestia que surge de la tierra emplea pasa asegurar su poder y obligar a todos a adorar a la bestia que sale del mar: entrelaza la vida religiosa y la vida económica de la comunidad de tal manera que se hace imposible participar de las estructuras económicas sin involucrarse en el culto al emperador (13:16-17). Esto puede referirse sencillamente a la imagen del emperador y los títulos que se le dan en las monedas. Y puede referirse también –y probablemente– a las prácticas religiosas que los gremios exigían de sus miembros, como se ha señalado en la Introducción. En todo caso, el lenguaje respecto a la marca o sello que llevan los adoradores de la bestia es la contraparte de la señal o sello que distingue a los bautizados (7:3). Tanto los seguidores de la bestia como los seguidores de Dios llevan el sello que les caracteriza como tales.

La cuestión decisiva es entonces, ¿a quién pertenecen los seres humanos? ¿A quién le deben su lealtad última, a Dios, o al emperador? Tal decisión no sería necesaria si el emperador –o el estado en cualquier otra forma– no exigieran una lealtad absoluta, y se contentara con organizar y gobernar la vida de la comunidad dentro de ciertos límites. Pero cuando el emperador –o cualquier estado– empieza a sobrepasar esos límites, surgirán conflictos con quienes insisten en que su lealtad última le pertenece solo a Dios.

El pasaje termina con algunas de las palabras más enigmáticas de toda la Biblia: el número de la bestia es 666. Esto ciertamente debe haber tenido algún sentido para la audiencia original a la que Juan se dirigía, pero ese sentido no está tan claro para los cristianos en el día de hoy. Había varios modos de traducir o escribir números en letras, y viceversa, y Juan parece estar empleando o bien el alfabeto griego o bien el hebreo. El uso de un número de esta manera parece indicar que Juan quiere referirse a algo o alguien de tal manera que no esté del todo claro. Puede haber sido algún personaje del gobierno, o hasta el emperador mismo. Pero otra posibilidad es que el 666 sea un modo de decir que por muy poderosa que sea esta bestia, y hasta por muy atractiva que sea, es imperfecta, como si fuera una burda imitación del 777, que sería perfecto. Más tarde algunos cristianos empezarían a referirse a Jesús como el «888», es decir, el más que perfecto. En todo caso, no podemos saber exactamente lo que Juan quiso decir. Pero una cosa sí sabemos: lo que Juan escribió tenía sentido para sus primeros lectores. Algo o alguien sería la bestia a que Juan se refiere, y sus lectores le reconocerían. Por otra parte, también podemos decir que la bestia cuyo número es 666 es el prototipo de lo que se repite a través de la historia, de las bestias políticas, económicas y sociales que sirven al dragón.

## *Se plantea el reto: Apocalipsis 14:1-5*

[1]Después miré, y he aquí el Cordero estaba en pie sobre el Monte de Sion, y con él ciento cuarenta y cuatro mil, que tenían el nombre de él y el de su Padre escrito en la frente. [2]Y oí una voz del cielo como estruendo de muchas aguas, y como sonido de un gran trueno; y la voz que oí era como de arpistas que tocaban sus arpas. [3]Y cantaban un cántico nuevo delante del trono, y delante de los cuatro seres vivientes, y de los ancianos; y nadie podía aprender el cántico sino aquellos ciento cuarenta y cuatro mil que fueron redimidos de entre los de la tierra. [4]Estos son los que no se contaminaron con mujeres, pues son vírgenes. Estos son los que siguen al Cordero por dondequiera que va. Estos fueron redimidos de entre los hombres como primicias para Dios y para el Cordero; [5]y en sus bocas no fue hallada mentira, pues son sin mancha delante del trono de Dios.

Si todo esto ocurriera en un teatro cinematográfico, la música de fondo cambiaría en este momento, al principio de capítulo 14. En lugar de la música altisonante y marcial que acompañarían al dragón y a sus dos bestias, ahora la «voz como el estruendo de muchas aguas y como el sonido de un gran trueno» es también «como el sonido de muchos arpistas». Y le acompaña un coro de 144.000 personas. Tal música no sería desconocida para la audiencia de nuestro supuesto cine, pues ya la habrían oído en 5:6-16. Tanto en aquella ocasión como en el pasaje que estamos estudiando, los coros cantan al aparecer el Cordero. Y la escena que se presenta con esa música es también dramática: el Cordero está en pie sobre el Monte de Sión. Esto puede recordarnos al dragón, de pie en la costa (dependiendo de lo que ya se ha dicho al comentar sobre 13:1). Ahora el Cordero aparece en el Monte de Sión, acompañado de un coro con 144.000 miembros, quienes cantan un cántico nuevo. Con esto queda establecido el escenario para el gran conflicto sobre la tierra. De parte del dragón están sus dos representantes: la bestia que sube del mar y la bestia que surge de la tierra. Del lado del Cordero no hay tales agentes, pues los 144.000 no son sus agentes del mismo modo. Junto a ellos están otras figuras que ya hemos visto en capítulos anteriores: los 24 ancianos y los cuatro seres vivientes (4:4–5:14; 7:11-13; 11:16).

¿Quiénes son estos 144.000? Son seres humanos redimidos por el Cordero, las primicias de la obra redentora del Cordero (14:3, 4), lo que significa que son los primeros frutos de la cruz y la resurrección. Estos redimidos han completado sus vidas terrenales en fidelidad al Cordero, y ahora están con él, pues han sido sellados con el sello de Dios. ¿Serán los mismos 144.000 del capítulo 7? Puesto que aquellos representaban al pueblo de Israel, si estos son los mismos, son un vínculo entre el antiguo pueblo de Dios que es Israel y el nuevo pueblo de Dios que es la iglesia.

El pasaje dice también que estos 144.000 «son los que no se han contaminado con mujeres, pues son vírgenes». No parece que esto deba tomarse literalmente, puesto que en la iglesia antigua no se requería el celibato, aunque sí había un lugar y funciones especiales para las viudas que no volvían a contraer matrimonio. Luego, este versículo ha de leerse en el contexto de las imágenes que se emplean a partir del capítulo 12, con la mujer vestida con el sol. Su contraparte, la gran ramera, aparecerá en el capítulo 17. La esposa del Cordero, que se relaciona con la mujer vestida con el sol, aparecerá en el capítulo 19. Los fieles son parte de esta esposa de Cristo, y por tanto han de mantenerse fieles, no en el sentido de no casarse, sino en el sentido de no abandonar a Jesús por otros señores. Algo parecido se dice también en Efesios 5 y en las Escrituras hebreas, donde unas veces se habla de Israel como la esposa amada por Dios, y otras veces como la esposa infiel. Estos 144.000 son los fieles que han sido parte de la esposa de Cristo, virgen y casta. La idolatría es falta de castidad, ser infiel al esposo honrando a otros dioses, en este caso, al dragón y sus agentes.

Estos 144.000 no solamente son castos, sino que también dan testimonio verdadero, pues «su boca no dice mentira». Son «mártires» en el sentido original del término, testigos verdaderos de la obra del Cordero. También pueden serlo en el sentido de haber ofrendado sus vidas. Son los que han sido fieles al Señor, incluso hasta la muerte.

## Se anuncia el juicio: Apocalipsis 14:6-13

[6]Vi volar por en medio del cielo a otro ángel, que tenía el evangelio eterno para predicarlo a los moradores de la tierra, a toda nación, tribu, lengua y pueblo, [7]diciendo a gran voz: Temed a Dios, y dadle gloria, porque la hora de su juicio ha llegado; y adorad a aquel que hizo el cielo y la tierra, el mar y las fuentes de las aguas.

[8]Otro ángel le siguió, diciendo: Ha caído, ha caído Babilonia, la gran ciudad, porque ha hecho beber a todas las naciones del vino del furor de su fornicación.

[9]Y el tercer ángel los siguió, diciendo a gran voz: Si alguno adora a la bestia y a su imagen, y recibe la marca en su frente o en su mano, [10]él también beberá del vino de la ira de Dios, que

ha sido vaciado puro en el cáliz de su ira; y será atormentado con fuego y azufre delante de los santos ángeles y del Cordero; [11]y el humo de su tormento sube por los siglos de los siglos. Y no tienen reposo de día ni de noche los que adoran a la bestia y a su imagen, ni nadie que reciba la marca de su nombre.

[12]Aquí está la paciencia de los santos, los que guardan los mandamientos de Dios y la fe de Jesús.

[13]Oí una voz que desde el cielo me decía: Escribe: Bienaventurados de aquí en adelante los muertos que mueren en el Señor. Sí, dice el Espíritu, descansarán de sus trabajos, porque sus obras con ellos siguen.

La escena continúa: a la orilla del mar se encuentran el dragón y las dos bestias; en el Monte Sión está el Cordero. Y ahora aparecen tres ángeles uno tras otro, cada uno de ellos anunciando algo relacionado con el juicio final sobre la tierra.

El primer ángel vuela «en medio del cielo» –es decir, en un lugar visible a toda la tierra–proclamando «el evangelio eterno». El contenido de este evangelio es que todos deben adorar al único Dios verdadero, creador de todas las cosas. Esto contrasta con el mensaje del Imperio, que todos han de adorar al emperador. El juicio está a punto de comenzar, y la base para el juicio es si la persona adora al Dios verdadero. Es a Dios a quien hay que temer con sobrecogida admiración. La gran tentación es temerle al emperador, o al poder del Imperio, más que a Dios.

También es importante notar que Dios desea que el evangelio se siga predicando hasta el último momento antes del juicio final. La iglesia no puede abdicar su responsabilidad misionera y evangelizadora, y dejar que el mundo siga su curso. Pero la misión no es solamente un esfuerzo humano; es también la tarea que se le ha encomendado a un ángel, para asegurarse de que todos los habitantes de la tierra puedan escuchar la verdad.

Por lo general, los cristianos entienden por «evangelio» el mensaje de la redención gracias a la obra de Cristo, particularmente en la cruz y la resurrección. Aquí se proclama un evangelio que ni siquiera menciona esto. Pero, puesto que el mensaje se está predicando en presencia del Cordero en su trono, todo eso se incluye y sobreentiende. En todo caso, la redención gracias a Jesucristo ha de llevar a las personas a hacer exactamente lo que reclama este «evangelio eterno»: «Temed a Dios y dadle gloria».

Un segundo ángel aparece. Ahora el mensaje es el anuncio de la caída de Babilonia. Por primera vez en todo el libro aparece ahora esta «Babilonia» que es en realidad un modo velado de referirse a Roma. Juan no es el único autor de aquellos tiempos que se refiere a Roma como «Babilonia». Al contrario, hay literatura apocalíptica judía que hace la misma referencia. En el libro de Daniel, el poder opresor era Babilonia, y los judíos fieles lucharon resistiendo a ese imperio que buscaba que se le adorara a él en lugar de a Dios (cf. Dn 4:26-37). Ya hemos visto cuánto material presenta Juan que es reflejo del libro de Daniel. Ahora lo mismo sucede con Babilonia. Tanto Roma como Babilonia son ciudades, pero el mismo nombre se emplea para todo el imperio que se maneja desde una de esas ciudades. Si la ciudad cae, caerá también el imperio. El primer Imperio Babilónico fue el principal enemigo de Israel en el siglo VIII a.C. y conquistó y destruyó el Reino del Norte, con su capital en Samaria. Pero el Reino del Sur, con su capital en Jerusalén, continuó existiendo. En el siglo VI a.C. un nuevo Imperio Babilónico tomó a Jerusalén y destruyó el reino de Judá, llevando además a buena parte de la población cautiva, a vivir en exilio en Babilonia. Luego, el término «Babilonia» se usaba para referirse a cualquier gran potencia enemiga del pueblo de Dios.

Juan personifica a la ciudad como una mujer —una mujer pecaminosa que tienta a otros a fornicar con ella–. Quienes lo hacen ciertamente no están escuchando las palabras del evangelio eterno. Las palabras del ángel que anuncia juicio son muy semejantes a las de Isaías 21:9: «¡Cayó, cayó Babilonia, y los ídolos de sus dioses quebrantó en tierra!». Con estas palabras Isaías se refería al Imperio Babilónico que conquistó a Jerusalén y Judá en el siglo VI a.C.

A esto se le añade otra imagen. Un tercer ángel anuncia una copa de vino que es la ira de Dios (4:10). Juan nos pinta un cuadro en el que Babilonia obliga a otros a beber de su copa. Pero la copa contiene la ira de Dios contra quienes cometen fornicación con la mujer. En el libro de Daniel hay una variante sobre este tema, pues allí se convocó al profeta al banquete del rey Beltsasar para que interpretara lo que estaba escrito en la pared. Cuando el rey y su corte bebían de las copas que habían sido traídas como parte del botín de guerra producto del saqueo del Templo en Jerusalén, apareció una mano que escribió unas palabras misteriosas en la pared. Bebían alabando a los falsos dioses de Babilonia. Lo escrito en la pared era un anuncio de la caída tanto del rey como de su reino. La copa de la que bebían se tornó copa de la ira de Dios. La misma imagen o metáfora aparece en Jeremías 25:15-29, donde se habla también de la copa de la ira de Dios. En este caso le fue entregada al profeta para que se la diera a beber a varias naciones. Pero el pasaje que más se parece al de Apocalipsis aparece en Jeremías 51:7: «Una copa de oro embriagó a toda la tierra; fue Babilonia en la mano de Jehová. De su vino bebieron los pueblos y se aturdieron las naciones».

Lo que significan las palabras del Apocalipsis es semejante: Babilonia –lo que para Juan a finales del siglo primero sería Roma– tiene una copa de vino, y el pueblo, incluso otras naciones, beben de ella. Pero es la copa de la ira de Dios, que caerá sobre quienes beben de ella. Juan le añade otro nivel a esta imagen al personificar a Roma/Babilonia como una mujer con quien otros cometen fornicación adorándola a ella más bien que al Dios verdadero. Aunque las naciones beben de la copa de la mujer, en realidad beben de la copa de la ira de Dios. En todo esto, aun sin saberlo, la misma Babilonia es agente de los designios de Dios. Es posible que algo de este uso de la imagen de una copa sea parte del trasfondo de la oración de Jesús en el huerto de Getsemaní, «si es posible, pase de mí esta copa» (Mt 26:39). Para los cristianos, parte del misterio de la cruz es que Jesús bebió por nosotros de la ira de Dios que era nuestro merecido.

Entonces aparece un tercer ángel. El orden en que estos ángeles aparecen es digno de notarse: el primer ángel proclamó el evangelio y anunció el juicio; el segundo declaró la caída de Roma; ahora el tercero proclama que todos los que adoren a la bestia serán condenados (14:9). Lo que es más, quien haya bebido del vino de la copa de la bestia ahora tendrá que beber del vino de la ira de Dios. Y será un vino más fuerte o «puro», es decir, sin mezcla de agua, como se acostumbraba entonces. Este anuncio plantea una alternativa clara: hay que adorar o a la bestia o al Cordero; pero también hay que saber que la derrota de la bestia ya ha comenzado y es inevitable. El adorar a la bestia es llevar el sello de la bestia, así como los adoradores del Cordero llevan el sello del Cordero.

Es posible interpretar estos pasajes sencillamente como una palabra de juicio contra los adoradores de la bestia. Pero es también una llamada a quienes todavía adoran a la bestia a abandonarla y adorar al Cordero. El anuncio del evangelio al comienzo del pasaje es el punto decisivo. Los adoradores de la bestia quedan advertidos de que es fútil seguirla adorando, pues su derrota es inevitable. El futuro de quienes insistan en adorar a la bestia está claro: beberán del cáliz de la ira de Dios y serán atormentados «con fuego y azufre... por los siglos de los siglos».

Las últimas palabras de este tercer ángel son importantes, y en cierto modo resumen toda la advertencia anterior: «No tienen reposo de día ni de noche los que adoran a la bestia y su imagen, ni nadie que reciba la marca de su nombre». No hay descanso; no hay sábado; no hay un momento para renovarse; no hay imitación alguna de la vida divina. Esto contrasta con el futuro de los fieles, que se anuncia en los últimos dos versículos de este pasaje (14:12-13). Estos santos perseverarán, guardando los mandamientos de Dios, y «descansarán de sus trabajos», gozarán del sábado eterno. Es una promesa sellada con la palabra del Espíritu Santo: «Sí, dice el Espíritu».

## La cosecha: Apocalipsis 14:14-20

[14]Miré, y he aquí una nube blanca; y sobre la nube uno sentado semejante al Hijo del Hombre, que tenía en la cabeza una corona de oro, y en la mano una hoz aguda. [15]Y del templo salió otro ángel, clamando a gran voz al que estaba sentado sobre la nube: Mete tu hoz, y siega; porque la hora de segar ha llegado, pues la mies de la tierra está madura. [16]Y el que estaba sentado sobre la nube metió su hoz en la tierra, y la tierra fue segada.

[17]Salió otro ángel del templo que está en el cielo, teniendo también una hoz aguda. [18]Y salió del altar otro ángel, que tenía poder sobre el fuego, y llamó a gran voz al que tenía la hoz aguda, diciendo: Mete tu hoz aguda, y vendimia los racimos de la tierra, porque sus uvas están maduras. [19]Y el ángel arrojó su hoz en la tierra, y vendimió la viña de la tierra, y echó las uvas en el gran lagar de la ira de Dios. [20]Y fue pisado el lagar fuera de la ciudad, y del lagar salió sangre hasta los frenos de los caballos, por mil seiscientos estadios.

Ahora cambia la escena. En lugar del Cordero, Juan ve a «uno semejante al Hijo del hombre». Este es un título que, siguiendo a Daniel 7:13-13, los cristianos usaban para referirse a Jesús como quien tendrá autoridad en el juicio final. En Mateo

25:31-46, tenemos por ejemplo el bien conocido pasaje acerca del juicio final, en el que el Hijo del hombre y sus ángeles dominan la escena. Y en Marcos 13:26-27 (así como en el pasaje paralelo en Mateo 24:30-31) hay unas palabras que se acercan tanto a lo que estamos estudiando que se les ha dado el título de «pequeño apocalipsis». Allí se nos dice que «verán al Hijo del hombre, que vendrá en las nubes con gran poder», y que entonces «enviará a sus ángeles y juntarán a sus escogidos de los cuatro vientos». El cuadro que nos pinta el Apocalipsis nos presenta al Hijo del hombre sentado en gloria sobre una nube, con una corona de oro indicando que él es el rey, y una hoz en la mano, indicando que ha llegado el tiempo de la cosecha.

Como veremos en esta sección, la cosecha es doble, pues incluye trigo y uvas. El trigo representa a los fieles, quienes pertenecen a Cristo; y las uvas representan a quienes adoran a la bestia. Toda la humanidad cae en uno u otro de estos dos grupos. En otros pasajes en la Biblia se distingue entre el trigo y la paja (Mt 3:12; Lc 3:17) o entre el trigo y la cizaña (Mt 13:30), pero en ambos casos se quiere decir lo mismo. La cosecha es el momento de separar lo bueno de lo malo o inútil.

En el pasaje que estamos estudiando, aunque el Hijo del hombre ha aparecido y está listo para llevar a cabo el juicio, este no comienza hasta que un ángel indica que ha llegado «la hora de segar». Este ángel sale del templo (el templo celestial, pues el de Jerusalén ya no existía), lo cual quiere decir que viene de la presencia de Dios. En Mateo 24:36, Jesús dice que el Hijo del hombre no sabe cuándo ha de llegar el fin, sino que solo el Padre lo sabe. El ángel declara que la cosecha está madura, y la hora ha llegado de recoger el trigo. El Hijo del hombre entonces emplea su hoz para segar la tierra y cosechar todo el trigo.

A esto sigue el juicio de los adoradores de la bestia. Lo que se cuenta es diferente, pero paralelo. Otro ángel que también sale del templo –y ahora se nos dice que se trata del «templo que está en el cielo»– lleva también una hoz. Este ángel espera hasta que otro ángel anuncia que ha llegado la hora. Las uvas están maduras, listas para la cosecha. Acerca de este otro ángel que anuncia que la hora ha llegado se nos dice también que «tenía poder sobre el fuego», aunque no se explica más lo que esto quiere decir. Posiblemente se refiera al fuego eterno. Cuando se anuncia que la hora ha llegado, el ángel con la hoz cosecha todas las uvas y las echa «en el lagar de la ira de Dios», que es donde las uvas son pisoteadas para sacarles el jugo. Nótese que quien cosecha el trigo es el Hijo del hombre, mientras que quien cosecha las uvas es un ángel.

Las imágenes en este capítulo son consistentes: Las uvas representan a quienes han de ser objeto de la ira de Dios, tanto cuando se les presenta como vino en la copa de ira como cuando se les presenta como fruto pisoteado en el lagar. El lagar como símbolo del juicio de Dios sobre sus enemigos aparece también en Isaías 53:2-6. Ese pasaje termina con las palabras: «Con mi ira pisoteé a los pueblos, los embriagué con mi furor y derramé en tierra su sangre».

En Apocalipsis 14:20, la sangre que fluye del lagar es tal que llega a los frenos de los caballos hasta «una extensión de mil seiscientos estadios», más de tres kilómetros. Además, se añade aquí otro detalle: el lagar está fuera de la ciudad santa. Aparentemente el Hijo del hombre y su cosecha de «trigo» están en la ciudad, mientras los malvados, quienes adoraban a la bestia, quedan fuera de la ciudad, y es allí que un ángel ejecuta su sentencia. En la ciudad está lo bueno y puro. Fuera de ella está lo malo e inmundo.

Ha llegado la hora de la cosecha, tanto para quienes adoran al Cordero como para quienes adoran a la bestia. Pero la visión no termina ahí. Al contrario, los capítulos que siguen continúan hablando acerca de la ira de Dios sobre la tierra. Una vez más, el Apocalipsis nos muestra que no es un programa cronológico de los acontecimientos finales. Aquí vemos el juicio ya completado, la cosecha recogida y los malos castigados. Pero en los capítulos que restan los malos estarán todavía sobre la tierra, adorando a la bestia y haciendo sus fechorías.

# CAPÍTULO VIII

## La ira de Dios: Apocalipsis 15:1–16:21

### *Se anuncia la ira final: Apocalipsis 15:1*

[1]Vi en el cielo otra señal, grande y admirable: siete ángeles que tenían las siete plagas postreras; porque en ellas se consumaba la ira de Dios.

El capítulo 15 se abre de manera semejante al 13: un prodigio o «señal grande y admirable» aparece en el cielo. Solamente tres portentos se describen de ese modo en todo el Apocalipsis: la mujer vestida con el sol (12:1); el gran dragón rojo (12:3); y ahora los siete ángeles que van a desatar las siete plagas (15:1). De igual modo que la mujer y el dragón llevaron a la gran batalla entre Dios y Satanás, así también este prodigio inicia la derrota final de los poderes del mal. Serán derrotados por la ira de Dios, y esto pondrá término a esa ira. Aunque las plagas no se inician sino en el capítulo 16, se anuncian ya aquí, al principio del 15. ¿Por qué? En parte al menos, porque antes de entrar a las terribles manifestaciones de la ira de Dios es necesaria una palabra de esperanza: esa terrible ira no será eterna, sino que tendrá fin. Esto es de importancia capital. El amor de Dios es eterno. Su ira es también real, pero no es eterna. En el Salmo 77:7, el salmista pregunta: «¿Desechará el Señor para siempre, y no volverá más a sernos propicio?». Pero el salmista sabe lo que el Apocalipsis también anuncia, que la ira del Señor no es para siempre, mientras que su amor sí lo es. Es bueno que los oyentes y lectores del Apocalipsis tengamos esa palabra de seguridad antes de adentrarnos en las terribles plagas que han de venir.

El capítulo 15 es breve y se divide fácilmente en dos partes al terminar el versículo 4. La primera parte, los versículos 2-4, es la celebración de quienes han alcanzado la victoria. En la segunda, a partir del versículo 5, los ángeles reciben las copas de ira.

## Los himnos de alabanza: Apocalipsis 15:2-4

²Vi también como un mar de vidrio mezclado con fuego; y a los que habían alcanzado la victoria sobre la bestia y su imagen, y su marca y el número de su nombre, en pie sobre el mar de vidrio, con las arpas de Dios. ³Y cantan el cántico de Moisés siervo de Dios, y el cántico del Cordero, diciendo: Grandes y maravillosas son tus obras, Señor Dios Todopoderoso; justos y verdaderos son tus caminos, Rey de los santos. ⁴¿Quién no te temerá, oh Señor, y glorificará tu nombre? pues sólo tú eres santo; por lo cual todas las naciones vendrán y te adorarán, porque tus juicios se han manifestado.

Quienes han vencido a los poderes del mal personificados en la bestia y su imagen se reúnen ahora en torno al mar de vidrio, ahora mezclado con fuego (cf. 4:6, donde se dice que este mar está ante el trono celestial). La presencia del fuego puede entenderse como un anuncio del juicio, pero no todos concuerdan en esto. Estos vencedores han recibido arpas para unirse al coro celestial, como vemos también en 14:2.

Se nos dice que los fieles están entonando el «cántico de Moisés» y el «cántico del Cordero». En la iglesia antigua, este paralelismo entre Jesús y Moisés era un tema de suma importancia. Moisés había liberado al pueblo de la esclavitud en Egipto cruzando el Mar Rojo. Jesús le había liberado de la esclavitud del pecado, la muerte y los poderes del mal mediante su muerte y resurrección. En ambos casos Dios les dio la victoria.

Tenemos himnos de victoria tanto en Éxodo 15:1-8 como en Deuteronomio 31:30–32:43, pero las palabras no son las mismas que encontramos aquí. El cántico al Cordero puede ser el cántico nuevo que se menciona en 14:3. Pero en ese otro pasaje no se nos dan las palabras del himno mismo. De lo que no cabe duda es que todos son himnos de victoria sobre los enemigos. En Éxodo el cántico sigue al cruce del Mar Rojo; en Deuteronomio 32 el cántico tiene lugar cuando Moisés está a punto de morir y recuenta las intervenciones de Dios a favor de Israel desde los tiempos de José. En el himno breve que tenemos en Apocalipsis 15 no hay una declaración directa de victoria, pero el lugar que tiene el himno en todo el libro, después del anuncio del juicio y de la ira final de Dios, hace de él indudablemente una expresión de victoria y gratitud.

En este canto, Dios es el único digno de adoración, y a la postre todas las naciones le adorarán. La santidad de Dios es lo que requiere el juicio. Y esa santidad es también la razón por la que todas las naciones deberían temerle. El juicio que está comenzando hará que esto acontezca. El cántico se entona aun antes de que la victoria se manifieste; pero quienes están en torno al trono saben que la victoria está asegurada.

## *Se entregan las copas: Apocalipsis 15:5-8*

[5]Después de estas cosas miré, y he aquí fue abierto en el cielo el templo del tabernáculo del testimonio; [6]y del templo salieron los siete ángeles que tenían las siete plagas, vestidos de lino limpio y resplandeciente, y ceñidos alrededor del pecho con cintos de oro. [7]Y uno de los cuatro seres vivientes dio a los siete ángeles siete copas de oro, llenas de la ira de Dios, que vive por los siglos de los siglos. [8]Y el templo se llenó de humo por la gloria de Dios, y por su poder; y nadie podía entrar en el templo hasta que se hubiesen cumplido las siete plagas de los siete ángeles.

Imaginemos la escena. Allí está el templo celestial con el trono de Dios. Frente a él está el mar de cristal, brillando con fuego. Alrededor del mar está el coro de los redimidos, con sus arpas. Por lo que hemos leído antes sabemos también acerca de los cuatro seres vivientes, así como de los 24 ancianos en sus tronos (4:4-8; 14:1-3). En el capítulo 14 se les añadieron los 144.000 redimidos de las doce tribus de Israel. ¡Y encima de todo esto se añade la gran multitud que nadie podía contar, de toda lengua, tribu, pueblo y nación!

La entrada en escena de los siete ángeles es dramática. Después del himno, las puertas del templo se abren, y salen los siete ángeles. Llevan vestimentas sacerdotales, y visten túnicas blancas resplandecientes, con cinturones de oro. Esto nos recuerda la apariencia del Hijo del hombre en 1:13, y el personaje celestial de Daniel 10:5.

Uno de los seres vivientes reparte las copas. Estas siete copas son paralelas a los siete sellos y las siete trompetas que hemos visto antes en el Apocalipsis (capítulos 6, 8 y 9). Como hemos dicho repetidamente, el número siete representa plenitud, algo a lo que no le falta nada. Es entonces aquí que se verá la ira absoluta de Dios, que tomará la forma de siete plagas.

Hoy no se habla mucho de la ira de Dios. Cuando se habla de ella, parece que quien está de veras airado es quien habla, y no Dios mismo. Se nos hace difícil entender cómo un Dios que es amor pueda tener ira. Pero Juan entiende claramente que la santidad de Dios requiere la destrucción final del mal. La redención involucra el fin del poder y dominio del mal. La gracia está al centro de todo esto, puesto que todos los humanos somos pecadores con necesidad de perdón. Pero el perdón por sí solo no destruye el mal. El propósito de la ira es la redención en santidad, no una venganza irracional. En el Apocalipsis, la ira de Dios busca sobre todo destruir las raíces del mal, que son Satanás y sus agentes. Los humanos tenemos que decidir a quién servir, pero el foco de la atención en este pasaje está en los agentes sobrehumanos del mal y en la adoración que se les presta.

Martín Lutero decía que la ira de Dios es el resultado de la mano izquierda de Dios, mientras que la gracia viene de la mano derecha. Lo que quería decir con esto es que la gracia es la obra perfecta de Dios, y que la ira es solamente una tarea necesaria para llevar a cabo esa obra perfecta. Una de las grandes herejías contra las que la iglesia tuvo que batallar en el siglo segundo —poco después de escribirse el Apocalipsis— fue la idea de que el Dios de Jesucristo es solamente un amor, Dios de amor y de gracia, sin ira ni juicio. La iglesia declaró con toda fuerza que tal cosa no es verdad. El Dios que perdona y redime es el mismo Dios que juzga y condena. Sin tal rechazo del mal, hasta la gracia misma carece de sentido.

Es por eso que al hablar de la cruz se dice repetidamente que Jesús sufrió la ira de Dios en lugar nuestro, tomando sobre sí la tarea de destruir el mal. Luego, quienes reciben gracia han de ser santos. La gracia no nos permite dedicarnos al mal sin consecuencia alguna. La gracia es más bien el medio por el cual Dios libra a gente pecadora de las garras del mal, de modo que puedan ser santos.

Una vez que los siete ángeles reciben las copas de ira, el templo de donde salieron se llena de humo, señal de la presencia de Dios y de su gloria (Ex 19:18; Is 4:5). A partir de ese momento, y hasta que pase el tiempo de ira, nadie podrá entrar al templo. Dios está presente en él, pero ninguna criatura es digna de estar con él.

¿Qué significa esto? ¿Por qué es que el templo, lugar de la presencia de Dios por excelencia, le está vedado a toda criatura hasta que termine el juicio? Hay dos explicaciones posibles. La primera es que el juicio está solamente en las manos de Dios. Ninguna criatura puede tener parte en él. Hasta los cuatro seres vivientes y los ángeles no son sino agentes de Dios que hacen su voluntad. No pueden entrar al templo para participar en la decisión final. Ya se han hecho muchas advertencias y se ha llamado repetidamente al arrepentimiento. Ahora el tiempo para tales advertencias y llamadas ha pasado. Las puertas del templo están cerradas para toda criatura hasta que el juicio termine. Entonces habrá acontecimientos más dramáticos, pues hasta el templo mismo desaparecerá (21:22).

## Las primeras tres plagas: Apocalipsis 16:1-7

[1]Oí una gran voz que decía desde el templo a los siete ángeles: Id y derramad sobre la tierra las siete copas de la ira de Dios.

[2]Fue el primero, y derramó su copa sobre la tierra, y vino una úlcera maligna y pestilente sobre los hombres que tenían la marca de la bestia, y que adoraban su imagen.

[3]El segundo ángel derramó su copa sobre el mar, y éste se convirtió en sangre como de muerto; y murió todo ser vivo que había en el mar.

[4]El tercer ángel derramó su copa sobre los ríos, y sobre las fuentes de las aguas, y se convirtieron en sangre. [5]Y oí al ángel

de las aguas, que decía: Justo eres tú, oh Señor, el que eres y que eras, el Santo, porque has juzgado estas cosas. ⁶Por cuanto derramaron la sangre de los santos y de los profetas, también tú les has dado a beber sangre; pues lo merecen. ⁷También oí a otro, que desde el altar decía: Ciertamente, Señor Dios Todopoderoso, tus juicios son verdaderos y justos.

Así como el Hijo del hombre y los ángeles esperaron hasta que llegara la orden de cosechar el trigo y las uvas (14:15, 18), así también los siete ángeles esperan a que llegue el mandato de comenzar a verter las siete copas de la ira de Dios. Este detalle le añade drama a la escena. También deja bien claro que es Dios quien está al mando de todo lo que sucede, aunque otros sean sus agentes.

Tan pronto como se nos habla de plagas, nos vienen a la mente las plagas paralelas que Moisés desató contra los egipcios. Estos paralelismos son intencionales, especialmente puesto que se acaba de hacer referencia al cántico de Moisés. Al mismo tiempo, hay otras porciones de las Escrituras hebreas que nos ayudan también a entender la estructura de esta sección del Apocalipsis. Una de las más importantes es Levítico 26:1-33. Ese pasaje trata sobre las instrucciones que Dios le da a Moisés en el tabernáculo, tras haber establecido el pacto del Sinaí. Tras veinticinco capítulos de leyes y procedimientos en Levítico, el capítulo 26 da una lista de las recompensas de Israel si permanece fiel, y de los castigos si es desobediente.

Cuando el pueblo hebreo estuvo cautivo en Egipto, Dios oyó su clamor y vino en su auxilio. Mientras Egipto se negó a dejarles ir, Dios le dio instrucciones a Moisés para que desatara varias plagas sobre los egipcios. Fueron un total de diez plagas. Tras cada una de ellas, el faraón se negó a dejar ir a Israel, y se anunció entonces otra plaga, hasta llegar la décima: la muerte de los primogénitos. Ante tal desastre, el faraón se arrepintió (Ex 7:14–12:33). Entonces, una vez que los hebreos estaban fuera de Egipto y del alcance de sus tropas y Dios había establecido pacto con ellos, Dios le advirtió a Israel que él también estaría sujeto a plagas. De igual manera que tras cada plaga se le dio a Egipto oportunidad de arrepentirse, así también se le dice a Israel que la próxima plaga no vendrá si ellos son obedientes. Esas plagas incluyen la pestilencia, invasión, hambre, bestias salvajes y el exilio.

Esto es un mensaje de gran importancia para la iglesia, tanto en tiempos de Juan como en los nuestros. Los cristianos podemos estar tentados a pensar que, puesto que somos pueblo de Dios, Dios se ocupa de cuidarnos, y no hay modo que esto pueda cambiar. Pero Dios es más justo de lo que pensamos. Si el pueblo de Dios empieza a actuar como aquellas fuerzas opresivas de las que Dios les ha liberado, han de esperar recibir los mismos castigos que los opresores anteriores recibieron. Como vimos al discutir Apocalipsis 15:5-10, la ira de Dios tiene el propósito de crear un pueblo santo. Si el pueblo de Dios no cumple ese propósito, la ira de Dios bien puede recaer sobre él.

Las copas que los ángeles tienen se vierten en sucesión rápida. Estas plagas son peores que las que se produjeron antes, cuando los ángeles que aparecieron tras abrirse el séptimo sello tocaron sus trompetas. Aquella serie de plagas destruyó la tercera parte de la tierra, mientras que las que aquí se describen no dejan cosa alguna intacta.

La primera plaga, que se produce cuando el primero de los siete ángeles derrama su copa sobre la tierra, es «una úlcera maligna y pestilente» que afecta a los seguidores de la bestia. No se explica el carácter de esta úlcera. Si es lepra, como algunos sugieren, al dolor mismo de la úlcera se añade el ser inmundo, según la ley de Israel. Los que sufren de tal úlcera son los que llevan el sello de la bestia. Esto implica que, si alguien de algún modo se las arreglaba para servir a la bestia, pero no dejar que su sello se viera, ahora este nuevo sello será visible ante todos. Antes del juicio, los humanos podemos engañar a otros –y a nosotros mismos– acerca de nuestra lealtad última. Podemos parecer adoradores del verdadero Dios, y ser en realidad discípulos del dragón. Pero en el juicio todo esto que estuvo encubierto saldrá a la luz.

El segundo ángel derrama su copa sobre el mar y lo convierte en sangre, ¡y sangre de muerto¡ La sangre de animal muerto era inmunda, y ahora todo el mar queda contaminado con ella. En consecuencia, esta plaga es peor que la de Egipto.

El tercer ángel vacía su copa, y lo que le sucedió antes al mar les sucede ahora a todas las fuentes de agua, de modo que toda el agua que corre se vuelve sangre. A esto sigue una especie de interludio en el que este tercer ángel canta un himno. ¿Quién es este ángel? En tiempos de Juan se creía que cada uno de los elementos del mundo estaba a cargo de un ángel. Esto podría indicar que el ángel encargado del agua no se oponía a su contaminación, ya que el ángel servía a Dios, y lo que acontecía era el justo juicio ordenado por Dios. Al igual que en el himno en 15:3-4, aquí vemos que es la santidad de Dios la que lleva al juicio. El himno en 16:5-6 muestra que cambiar el agua en sangre es un castigo apropiado para quienes han vertido la sangre de los santos.

Después que se canta este himno, otro ángel responde desde el altar aprobando y reafirmando lo que el himno dice. En 6:9-10, se nos dijo que las almas de los muertos están bajo el altar clamando por el juicio de Dios contra sus enemigos. Aquí, cuando ese juicio por fin llega, es del altar que viene la voz de aprobación.

La inmundicia visible, la manifestación del pecado, tal es el resultado claro de las tres primeras plagas. El juicio se relaciona con hacer manifiesto lo que estaba escondido, así como con recompensas y castigos.

## *La cuarta y quinta plagas: Apocalipsis 16:8-11*

<sup>8</sup>El cuarto ángel derramó su copa sobre el sol, al cual fue dado quemar a los hombres con fuego. <sup>9</sup>Y los hombres se quemaron con el gran calor, y blasfemaron el nombre de Dios, que tiene poder sobre estas plagas, y no se arrepintieron para darle gloria.

<sup>10</sup>El quinto ángel derramó su copa sobre el trono de la bestia; y su reino se cubrió de tinieblas, y mordían de dolor sus lenguas, <sup>11</sup>y blasfemaron contra el Dios del cielo por sus dolores y por sus úlceras, y no se arrepintieron de sus obras.

Tras el interludio himnódico, los próximos dos ángeles derraman sus copas. Ahora se sigue un patrón diferente, pues tras cada una de las plagas se declara que aquellos contra quienes las plagas fueron enviadas no se arrepintieron ni le dieron gloria a Dios –o que maldijeron a Dios–. Aun en este momento, ya a punto de llegar al juicio, todavía quienes han adorado a la bestia pueden arrepentirse. No se dice aquí que Dios endurezca los corazones de quienes adoran a la bestia. Pero, a pesar de todo eso, no hay indicio de que alguien se arrepienta entonces, a última hora.

La plaga del cuarto ángel es un aumento en el calor del sol, de tal manera que las gentes se queman y sufren dolores intensos. Ahora que no hay agua, ya sea dulce o salada, que no esté seriamente contaminada, el calor se vuelve insoportable. Las víctimas saben que todo esto se debe a la acción de Dios, y saben también que se les está llamando a arrepentirse; pero no se arrepienten. Lo que se pide de ellos, además de arrepentirse de su falso culto, es que le den a Dios la gloria. Pero se niegan a hacerlo. Hay un vínculo entre lo que los siervos de la bestia se niegan a hacer aquí y el «evangelio eterno» que proclamó antes un ángel en medio del cielo (14:7). Lo que anuncia el evangelio eterno es que todos han de darle gloria a Dios y reconocer que Dios es el creador de todo cuanto hay, incluso el mar y las fuentes de agua. Ahora estos elementos se han vuelto inaccesibles para las víctimas; y todavía se niegan a arrepentirse.

En vista de la obstinación de esos siervos de la bestia, el quinto ángel vacía la copa de la próxima plaga. Esta quinta plaga es muy diferente. En lugar de dirigirse a los seguidores de la bestia, esta plaga va directamente al trono mismo de la bestia. Con esto todo el reino de la bestia se oscurece. Esto nos recuerda la quinta plaga de Egipto, cuando todo el país quedó en tinieblas (Ex 10:21). Quienes adoran a la bestia son parte de este reino. Pero a pesar de esta señal del poder de Dios por encima del de la bestia, se niegan a arrepentirse. En lugar de eso, maldicen a Dios.

La cuarta y quinta plagas son casi dos polos opuestos: una produce demasiado sol; y la otra, oscuridad. Es interesante ver que cualquiera de esas dos alternativas extremas, el sol brillante y la oscuridad, llevan a la ceguera. Luego, mientras las primeras tres plagas mostraron lo inmundo de quienes adoran a la bestia, estas dos nos señalan su ceguera. No pueden ver su maldad, y por tanto no pueden arrepentirse. Su lealtad a la bestia les cierra toda otra visión, y por tanto todo otro camino.

## La sexta plaga: Apocalipsis 16:12-16

[12]El sexto ángel derramó su copa sobre el gran río Éufrates; y el agua de éste se secó, para que estuviese preparado el camino a los reyes del oriente. [13]Y vi salir de la boca del dragón, y de la boca de la bestia, y de la boca del falso profeta, tres espíritus inmundos a manera de ranas; [14]pues son espíritus de demonios, que hacen señales, y van a los reyes de la tierra en todo el mundo, para reunirlos a la batalla de aquel gran día del Dios Todopoderoso. [15]He aquí, yo vengo como ladrón.

Bienaventurado el que vela, y guarda sus ropas, para que no ande desnudo, y vean su vergüenza. [16]Y los reunió en el lugar que en hebreo se llama Armagedón.

La sexta plaga es más compleja. En primer lugar, tiene más especificidad geográfica: el río Éufrates se seca, de modo que los enemigos de Roma pueden cruzarlo e invadir. Roma siempre temía una invasión de sus enemigos al este, los partos. Pero esta plaga también es la contraparte de lo que se cuenta en Éxodo, cuando el mar se secó. Un río seco, más bien que una señal de salvación como el Mar Rojo, viene a ser una señal de derrota. Los reyes que proceden del oriente son como un preludio o anuncio de la reunión mayor de reyes de todo el mundo que se describirá más adelante.

Como parte de la sexta plaga, la trinidad del mal –el dragón, la bestia que sube del mar y el falso profeta que es la bestia que sale de la tierra– tienen ahora espíritus que salen de sus bocas como ranas. Las ranas nos recuerdan la segunda plaga de Egipto (Ex 8:2-6). Esta visión se refiere repetidamente al habla: la falsa profecía, el decir la verdad, el verdadero culto, la idolatría, cosas todas que salen de la boca. Y aquí ahora las ranas son espíritus malignos que salen de la boca, con lo cual se prepara el conflicto entre quienes hablan falsedad y quienes dicen verdad (19:11-15).

Estos espíritus malignos en forma de rana parecen ser demonios mediante los cuales reúnen a los reyes de la tierra. El dragón y sus secuaces ahora parecen ser exitosos y poderosos. Por esa razón los reyes de la tierra siguen al dragón. Este les convence de que su futuro depende de batallar contra el único Dios verdadero, quien es su enemigo.

Hay una extraña conexión en la narración acerca de la sexta plaga: las palabras de Jesús en 16:15 se asemejan a los pasajes que aparecen en los Evangelios sinópticos acerca de la necesidad de velar y prepararse para el retorno del Maestro (cf.

Mt 24:43-44). Pablo también utiliza una expresión semejante para llamar a los cristianos a estar preparados para la venida de Cristo (1 Tes 5:2). También hay paralelismos con el mensaje que Jesús envía a la iglesia en Laodicea (3:18-22). ¿A quién se dirigen estas palabras de Jesús en el Apocalipsis? Pueden ser una invitación a los infieles al arrepentimiento. Pero parece que van más bien dirigidas hacia los fieles, exhortándoles a que permanezcan alerta y en vela cuando todo esto suceda. En tal caso, esto sería la primera referencia a los fieles desde que empezaron las plagas. Si los fieles están todavía en la tierra, la mayoría de las plagas les afectarán, particularmente las que tienen que ver con la contaminación del agua, el recrudecimiento del sol y las tinieblas crecientes.

Después de estas breves palabras de Jesús, la narración continúa anunciando que todos los reyes de la tierra, invocados por el dragón y sus representantes, se reunirán en el lugar llamado Armagedón. Lo hacen porque creen en las señales que han recibido: el éxito y aparente autoridad de los poderes del mal. Acuden a su convocación por interés propio. Posiblemente los cristianos de finales del siglo primero conocerían un lugar llamado Armagedón. Pero hoy no se conoce tal lugar, aunque algunos eruditos sugieren la posibilidad de que este nombre sea una corrupción de «Meguido» (Jue 5:19). Probablemente Juan no estaría refiriéndose a un lugar específico en la geografía de la región, sino más bien a un lugar simbólico donde los enemigos de Dios serían finalmente derrotados.

## La séptima plaga: Apocalipsis 16:17-21

[17]El séptimo ángel derramó su copa por el aire; y salió una gran voz del templo del cielo, del trono, diciendo: Hecho está. [18]Entonces hubo relámpagos y voces y truenos, y un gran temblor de tierra, un terremoto tan grande, cual no lo hubo jamás

desde que los hombres han estado sobre la tierra. [19]Y la gran ciudad fue dividida en tres partes, y las ciudades de las naciones cayeron; y la gran Babilonia vino en memoria delante de Dios, para darle el cáliz del vino del ardor de su ira. [20]Y toda isla huyó, y los montes no fueron hallados. [21]Y cayó del cielo sobre los hombres un enorme granizo como del peso de un talento; y los hombres blasfemaron contra Dios por la plaga del granizo; porque su plaga fue sobremanera grande.

El séptimo ángel vierte su plaga sobre la tierra. De manera semejante a como otro ángel proclamó el evangelio en medio del cielo, de modo que todos los habitantes de la tierra pudieran escucharle (14:6), así también ahora el séptimo ángel derrama su copa de ira por el aire, de tal modo que sus efectos se hagan sentir sobre toda la tierra.

Al mismo tiempo, una voz que sale del templo celestial declara: «¡Ya está hecho!». Esto nos recuerda las últimas palabras de Jesús desde la cruz según el evangelio de Juan: «Consumado es» (Jn 19:30). En el texto griego, aunque las ideas son semejantes, las palabras que se emplean en cada uno de estos dos casos son diferentes. Por eso tiene razón la RVR al traducirlas también diferentemente. En el Apocalipsis, se trata de haber llevado a cabo la victoria sobre el mal. En Juan se trata de la obra redentora de Cristo sobre la tierra, que viene a ser el fundamento de la victoria que se declara en el Apocalipsis. Mientras en el Apocalipsis vemos la victoria final del bien, en el Evangelio el mal parece vencedor hasta que llega el momento de la resurrección, que solamente los fieles reconocen. Luego, «Ya está hecho» y «Consumado es» son dos niveles diferentes de la misma batalla. En ambos casos, desde la perspectiva humana no parecería que cosa alguna haya ocurrido cuando se pronuncian esas palabras. Pero puesto que quien las pronuncia es aquel bajo cuya providencia todas las cosas existen, las palabras mismas son garantía de que todo lo que es necesario se ha cumplido.

¿Qué resulta entonces de la séptima copa de ira, que se ha vertido en el aire? Hay dramáticos acontecimientos en la naturaleza: terremotos, relámpagos y truenos, así como granizo. Los humanos han experimentado cosas semejantes antes, pero no en la escala en que ahora acontecen. El versículo 19 declara que «la gran ciudad se dividió en tres partes». Los eruditos no se ponen de acuerdo en cuanto a la ciudad a que esto se refiere. Unos piensan que se trata de Jerusalén, y otros –aparentemente la mayoría– piensan que es Roma.

«El cáliz del vino del ardor de su ira» se les prometió ya en 14:10 a los seguidores de la bestia. Ahora se le promete también a la ciudad de Roma. El contenido de esa furia se explicará en los capítulos que siguen, aunque ya los desastres que aquí se describen son parte de esa destrucción. Las islas y las montañas desaparecerán. La venganza de Dios se acerca, y nadie podrá impedirla. Al abrirse el sexto sello hubo un terror paralelo (6:14). Esto es semejante a lo que se nos dice en Isaías 40:3-5 acerca de la venida del Señor, cuando todo valle es alzado y todo monte se rebaja. Lucas 3:5 cita el mismo versículo al describir el ministerio de Juan el Bautista. En Apocalipsis 16:20, el camino se prepara para anunciar, no ya la redención de Dios, sino más bien su ira.

La séptima plaga termina con una granizada de enormes proporciones. Pero ni siquiera esto cambia los corazones de quienes adoran a la bestia. Cuando ya no es posible resistir más los males que acontecen, en lugar de arrepentirse y volverse hacia Dios, le maldicen.

Se ha completado ahora la serie de las siete copas de ira. Pero esto no quiere decir que el juicio haya terminado. En cierto modo, apenas está comenzando. Las plagas no produjeron arrepentimiento. La maldad de la bestia ha quedado manifiesta. Quienes la siguen maldicen a Dios en lugar de darle gloria. Lo que sigue entonces es la descripción del imperio del mal y de sus seguidores que han sido condenados.

Es importante detenernos a pensar sobre el hecho de que las copas de ira no producen arrepentimiento. Por una parte, indica que no es posible llevar a las gentes a la fe mediante el terror; y por otra, indica también que frecuentemente quienes siguen el camino del mal frecuentemente lo hacen porque parece llevar al buen éxito. Es demasiado arriesgado abandonar la seguridad de las cosas viejas. El camino de la fe parece inseguro y peligroso, y no ofrece las mismas recompensas. La bestia y sus seguidores han sido poderosos y han tenido éxito. Los seguidores de Cristo han sido pobres y, en términos del mundo, han fracasado. ¿Por qué entonces seguir su camino? Cuando se piensa de este modo, seguir el camino de Dios se presenta como una amenaza que interrumpe el camino al éxito. En el próximo capítulo veremos cuán exitosos han sido los seguidores de la bestia.

# CAPÍTULO IX

## La caída de Babilonia:
## Apocalipsis 17:1–18:24

### *Al orgullo sigue la caída: Apocalipsis 17:1-6a*

[1]Vino uno de los siete ángeles que tenían las siete copas y habló conmigo, diciendo: «Ven acá y te mostraré la sentencia contra la gran ramera, la que está sentada sobre muchas aguas. [2]Con ella han fornicado los reyes de la tierra, y los habitantes de la tierra se han embriagado con el vino de su fornicación».

[3]Me llevó en el Espíritu al desierto, y vi a una mujer sentada sobre una bestia escarlata llena de nombres de blasfemia, que tenía siete cabezas y diez cuernos. [4]La mujer estaba vestida de púrpura y escarlata, adornada de oro, piedras preciosas y perlas, y tenía en la mano un cáliz de oro lleno de abominaciones y de la inmundicia de su fornicación. [5]En su frente tenía un nombre escrito, un misterio: «Babilonia la grande, la madre de las rameras y de las abominaciones de la tierra».

⁶Vi a la mujer ebria de la sangre de los santos y de la sangre de los mártires de Jesús.

La continuidad entre esta mujer y la que le antecede se ve en el hecho de que el ángel que aquí aparece es uno de los siete anteriores (17:1). Aquí se presenta una nueva imagen, pues se describe a la ciudad como «la gran ramera, la que está sentada sobre muchas aguas». Aunque esta es la primera vez que se ha calificado a la ciudad de ramera, ya desde antes se ha hablado de sus muchas fornicaciones (14:8).

Se dice que está «sentada sobre muchas aguas», como si todos los ríos y los mares estuvieran junto a ella. En la antigüedad, el que una ciudad estuviera asentada junto a un río navegable o un puerto marino era conveniente para el poderío económico. Luego, lo que aquí se dice apunta hacia el poder imperial de la gran ramera.

Sobre la frente, la gran ramera lleva un misterioso nombre escrito: «Babilonia la grande, la madre de las rameras y de las abominaciones de la tierra». Quienes leyeran estas palabras en el siglo primero inmediatamente entenderían que eran una referencia a Roma. Roma, la grande y poderosa ciudad, y todo el imperio que le obedecía, se habían vuelto símbolo de idolatría para los judíos y los cristianos, pues era precisamente el Imperio Romano quien promovía la idolatría y excluía a quienes se negaran a servir a los dioses de la vida económica y social de la comunidad.

El que Roma sea «la madre de las rameras» implica que había subvertido también otras instituciones volviéndolas también idólatras.

Como veremos, los productos de todo el mundo llegaban a Roma gracias a su esfera de influencia. La personificación de Roma como una mujer es importante, no solo por la metáfora de la infidelidad como fornicación, sino también porque esta imagen es la contraparte de la mujer vestida del sol (12:1-6) y de la esposa del Cordero, imagen que llegará a su culminación en los últimos capítulos del libro.

Roma se representa como una mujer que ha fornicado con «los reyes de la tierra», es decir, con los líderes poderosos de muchas naciones que se han unido a ella y le envían dones en busca de sus favores (17:2). Los reyes han ganado algo en este proceso, y lo mismo ha sucedido con muchas otras personas. Se han acostumbrado a los obsequios de Roma, y por lo tanto «se han embriagado» con ellos. ¿Qué sucederá con estos reyes y todos esos otros habitantes de la tierra que se han involucrado de esa manera con Roma, ahora que Roma va a ser destruida? Ciertamente, su futuro se halla indisolublemente ligado con el de Roma.

El ángel lleva a Juan al desierto «en el Espíritu» (17:3). Esto es indicador del carácter visionario de lo que Juan escribe. Al principio Juan nos dijo ya que toda su visión tuvo lugar «estando yo en el Espíritu en el día del Señor» (1:10). También estaba en el Espíritu cuando tuvo la visión del trono celestial (4:2). Ahora la visión le lleva «en el Espíritu» al desierto. Más tarde, al aparecer la esposa, Juan será llevado también «en el Espíritu» a la montaña.

Cada una de esas cuatro referencias al Espíritu señala un nuevo punto de partida en la visión. Es importante el hecho de que cuando Juan va a ver la suerte de la gran ramera se le lleve al desierto. En el capítulo 12, versículos 5 y 14, el dragón rojo (Satanás) hizo huir al desierto a la mujer que dio a luz al hijo. Pero fue también allí, en el desierto, que Dios la protegió.

Ahora Juan ve a la gran ramera sentada sobre una bestia escarlata en el desierto. Esta es la bestia que surgió del mar en 13:1, con diez cuernos y siete cabezas, y con nombres de blasfemia en sus cabezas (13:3). No solo la bestia es escarlata, sino que también la mujer está vestida «de púrpura y escarlata» además de que lleva adornos de oro y piedras preciosas (17:4). Luego, se trata de una mujer rica y poderosa que, sin embargo, va montada en la bestia y es por tanto agente de Satanás.

Quienes se allegan a ella se allegan también a Satanás. Los nombres que se le atribuyen a ella son aquí blasfemos, pues se deberían dar únicamente a Dios, pero el Emperador los reclama para sí. Vestida con tales ricas ropas y prendas, y llevando en la mano una copa de oro llena de impurezas e inmundicias (quizá la misma copa de que bebieron los reyes de la tierra [17:2]; y quizá la copa que se menciona en 14:8), Babilonia (Roma) cabalga sobre la bestia, aparentemente segura, a cargo de su propio destino y del destino también de quienes se han aliado a ella. Pero no todo marcha bien. Los reyes de la tierra están embriagados. No ven claramente lo que está aconteciendo. La gran ramera también está borracha, pero con la sangre de los mártires que han muerto fieles a Jesús, y que son por tanto sus verdaderos testigos. Como sucede frecuentemente en las visiones, las imágenes se entremezclan y a veces se confunden unas con otras: el cáliz de la sangre de los santos es también el cáliz de la ira de Dios, que se derrama debido a la idolatría y persecución de Roma. La bestia que hace lo que el dragón le ordena ahora lleva sobre sí a la gran ramera que seduce a las naciones.

### *¿Quién es esta mujer?: Apocalipsis 17:6b-14*

Cuando la vi quedé asombrado con gran asombro.

[7]El ángel me dijo: «¿Por qué te asombras? Yo te diré el misterio de la mujer y de la bestia que la lleva, la cual tiene siete cabezas y diez cuernos. [8]La bestia que has visto era y no es, y está para subir del abismo e ir a perdición. Los habitantes de la tierra, aquellos cuyos nombres no están escritos en el libro de la vida desde la fundación del mundo, se asombrarán viendo la bestia que era y no es, y será».

⁹«Esto, para la mente que tenga sabiduría: Las siete cabezas son siete montes sobre los cuales se sienta la mujer, ¹⁰y son siete reyes. Cinco de ellos han caído; uno es y el otro aún no ha venido, y cuando venga deberá durar breve tiempo. ¹¹La bestia que era y no es, es también el octavo, y es uno de los siete y va a la perdición. ¹²Los diez cuernos que has visto son diez reyes que aún no han recibido reino; pero recibirán autoridad como reyes por una hora, juntamente con la bestia. ¹³Estos tienen un mismo propósito: entregarán su poder y autoridad a la bestia. ¹⁴Pelearán contra el Cordero, y el Cordero los vencerá, porque es Señor de señores y Rey de reyes; y los que están con él son llamados, elegidos y fieles».

Juan se asombra ante lo que ve, de modo que el ángel le da una explicación que naturalmente se dirige también a quienes leerán lo que Juan escribe. Es una extraña explicación, pues nos deja a los lectores modernos con toda una serie de preguntas y dudas. Quizá los lectores del primer siglo entenderían más fácilmente las referencias ocultas que aquí se hacían; pero tales referencias no nos resultan obvias hoy. Lo que más se discute es la identidad de la bestia, o, más exactamente, lo que significan las siete cabezas y diez cuernos.

En toda esta cuestión nos ayuda saber algo acerca de lo que se sabía y pensaba en aquel siglo primero. Las imágenes que aparecen en el libro de Daniel serían bien conocidas entre la comunidad cristiana. En Daniel 7:7-28 se describe a la cuarta bestia diciendo que tiene diez cuernos, y se explica que esos cuernos son diez reyes, a los que después se añade otro cuerno que «hacía guerra contra los santos y los vencía». No está claro hasta qué punto la visión de Juan se refiere a diez reyes específicos. Muy probablemente los reyes representen a las naciones que siguen a Roma. Al mismo tiempo, algunos romanos creían que Nerón, el emperador que desató la primera persecución contra los cristianos en Roma, y que murió en el año 68, volvería a la vida y se posesionaría una vez más del imperio. Las siete cabezas pueden explicarse de dos maneras. En primer lugar, son las siete montañas sobre las que se sienta la mujer. Esto nos sorprende, pues antes se nos dijo que venía montada en una bestia. Las famosas siete colinas de Roma nos vienen en seguida a la mente. Pero después se nos dice que las siete cabezas representan a siete reyes, lo cual parece referirse a siete emperadores romanos. Después del séptimo aparece uno más, y esto puede referirse a la expectativa de que Nerón volvería. Ha habido muchos intérpretes que han tratado de aplicar estas siete u ocho cabezas a los emperadores del período. Pero sus diversas interpretaciones no concuerdan, y ninguna se ajusta a la realidad que conocemos. Naturalmente, si el octavo rey es Nerón, lo que Juan está haciendo es resaltar el contraste entre el supuesto retorno del emperador asesino y el retorno de Jesús.

En 17:8 se dice que esta bestia «era y no es, y está para subir del abismo». Esto es la contraparte del modo en que se describe a Dios en 1:8 como «el Alpha y la Omega, principio y fin... el que es y que era y que ha de venir, el Todopoderoso». Con esto se subraya la eternidad y omnipotencia de Dios y su contraste con aquel temido emperador que, aunque volviera de nuevo a la vida, nunca tendría un tiempo y poder ilimitados.

El origen de la bestia resulta claro: se levanta del abismo, lo cual es lo contrario del cielo. La bestia será destruida después de un breve tiempo en la tierra. Todos se sorprenderán al ver que esta bestia que «era y no es» regresa a la vida. Esto es, todos menos los fieles, los santos cuyos nombres están escritos en el libro de la vida. Aquí se habla entonces de dos futuros o dos salvaciones diferentes: una que se fundamenta en el poder imperial como el de Nerón, y otra que se fundamenta en Jesucristo. En esto vemos entonces el contraste entre el Imperio Romano y la Ciudad Santa que se promete al final del libro. El mal parece poderoso porque muchos de los reyes de la tierra han decidido servir al Imperio Romano.

En contraste, los cristianos han puesto su fe en Cristo y en el futuro que él ha de traer. Los diez reyes representan a las naciones y gobernantes que han optado en favor de Roma. En 17:13 se nos dice que «entregarán su poder y autoridad a la bestia». Son las naciones aliadas de Roma o subyugadas por ella. Su enemigo común es el Cordero, y guerrearán contra él. Por tanto, los cristianos deben saber que serán perseguidos. Su persecución es señal del pacto entre Roma y los demás reyes, de modo que ya no hay donde esconderse; no hay lugar seguro donde los cristianos puedan librarse de la persecución.

Pero el resultado de esa guerra ya se ha decidido: Roma y sus aliados serán absolutamente derrotados. Es el Cordero quien es Señor de señores y Rey de reyes, y no el emperador romano que pretende serlo. Los creyentes que se mantienen firmes, los que no apoyan a Babilonia (Roma) y a sus diez reyes, muestran que han sido verdaderamente llamados, escogidos, y por tanto permanecen hasta el fin. Han sido llamados por Cristo, escogidos por Dios, y han mostrado su fidelidad.

## Sus amigos son sus enemigos: Apocalipsis 17:15-18

[15]También me dijo: «Las aguas que has visto, donde se sienta la ramera, son pueblos, muchedumbres, naciones y lenguas. [16]Y los diez cuernos que viste, y la bestia, aborrecerán a la ramera, la dejarán desolada y desnuda, devorarán sus carnes y la quemarán con fuego. [17]Dios ha puesto en sus corazones el ejecutar lo que él quiso: ponerse de acuerdo y dar su reino a la bestia hasta que se hayan cumplido las palabras de Dios. [18]Y la mujer que has visto es la gran ciudad que reina sobre los reyes de la tierra».

El ángel sigue explicando la visión. Roma no es solamente una ciudad, sino que es también un imperio. Bajo su gobierno y dirección se encuentran muchos que no son romanos: egipcios, sirios, griegos, bretones, norafricanos, además de otras naciones cercanas, que no son parte del Imperio, pero que sí están dentro de su círculo de influencia, sobre todo en lo económico. Las riquezas de todo el mundo fluyen hacia Roma. Luego, lo que aquí se llaman las aguas donde se sienta la ramera, «son pueblos, muchedumbres, naciones y lenguas». Son aliados de Roma. Pero la visión entonces toma un giro dramático, porque estas gentes y naciones aliadas de Roma se volverán contra ella y serán el medio de su destrucción. Sus amigos resultarán ser sus enemigos, y el juicio de Dios tendrá lugar mediante esos reyes que una vez se unieron a ella para atacar al Cordero. Esto no quiere decir que los diez reyes de la tierra se hayan vuelto ahora seguidores de Dios. Se trata más bien de que Dios los usa como instrumentos para su juicio contra Roma, aun cuando ellos mismos no conozcan a Dios. Apoyándola, han preparado a Roma para una gran caída. Y los antiguos súbditos de Roma serán agentes de Dios en esa caída.

En tiempos de Roma, la «paz romana» parecía cubrirlo todo. Roma protegía esa paz mediante el uso de la fuerza. Las rebeliones eran aplastadas. El poderío militar era instrumento del orden. Ese mismo poderío le daba a Roma una ventaja económica sobre sus vecinos. Pero tan pronto como apareciera algún punto débil en el Imperio aquellos mismos que hasta entonces habían quedado deslumbrados por el poder de Roma se volverían contra ella y vendrían a ser sus enemigos. Los diez reyes son aliados de Roma por su propia conveniencia. Su amistad y apoyo no continuarán si las circunstancias cambian.

La visión de Juan anuncia un tiempo cuando los «amigos» de Roma serán los agentes de su destrucción. Hasta la bestia dejará de usar a Roma para sus propios propósitos y empleará más bien a otras naciones para destruir a Roma. El juicio de

Dios sobre Roma se ejecutará mediante quienes no tienen la más mínima intención de servir a los propósitos de Dios y ni siquiera le reconocen como Dios. Dios sigue siendo el creador y gobernante de todo, y la maldad de ellos a la postre servirá para llevar a cabo los propósitos divinos.

## La caída de Babilonia: Apocalipsis 18:1-3

[1]Después de esto vi otro ángel que descendía del cielo con gran poder, y la tierra fue alumbrada con su gloria. [2]Clamó con voz potente, diciendo:

«¡Ha caído, ha caído la gran Babilonia!
Se ha convertido en habitación de demonios,
en guarida de todo espíritu inmundo
y en albergue de toda ave inmunda y aborrecible,

[3]porque todas las naciones han bebido
del vino del furor de su fornicación.
Los reyes de la tierra han fornicado con ella
y los mercaderes de la tierra se han enriquecido
con el poder de sus lujos sensuales».

Ya se predijo la caída de Babilonia; pero ahora la visión muestra no solamente el proceso de la destrucción, sino también sus efectos. Un ángel le dice a Juan lo que ha acontecido. Este ángel es diferente a los demás por cuanto se le describe como un ángel radiante cuya gloria alumbra la tierra. Esa gloria luminosa es señal de su proximidad a Dios. Por eso se dice que el ángel tenía «gran poder» (18:1), lo cual es más que lo que se dice de otros ángeles. Esos otros ángeles han hablado con fuertes voces, y ahora se dice de este que habla «con voz potente». Quizá la diferencia esté en el mensajero, pero quizá esté también en el mensaje mismo. Ha llegado el fin de Babilonia. Ahora la tierra quedará libre de su poder. Es un mensaje altamente negativo para Babilonia, pero al mismo tiempo es un mensaje de buenas nuevas para los seguidores fieles de Dios.

La descripción de Babilonia caída se parece mucho al modo en que Jeremías bastante antes anunció la caída de la antigua Babilonia, particularmente en Jeremías 50:39 y 51:37. La señal de la destrucción total de la ciudad es que las bestias salvajes ahora viven entre sus ruinas. Ya no es lugar habitable para los humanos. En Apocalipsis 18:2 se dice que Babilonia es «albergue de toda ave inmunda y aborrecible». En Jeremías 50:39 la descripción es algo más específica, pero muy semejante. Y en Jeremías 51:27 se dice que Babilonia será «guarida de chacales». Ahora, en la visión de Juan, hasta los demonios han venido a unirse a las bestias en la ciudad abandonada.

Las antiguas ciudades daban apariencia de permanencia. Pero su vida dependía de poder traer alimentos y otras necesidades desde tierras distantes, más distantes cuanto más grande fuera la ciudad. Por lo tanto, la ciudad tenía que dominar militar y económicamente una amplia región en torno a ella. Si tales condiciones cambiaban, la población de la ciudad decaería rápidamente. Además, puesto que la población sufriría de hambre, la mortandad a causa de enfermedades y epidemias sería mayor.

La ciudad de Roma, que era la «Babilonia» de Juan, era una ciudad grande y poderosa. Dominaba la vida económica de amplias regiones y de ese modo podía sobrevivir. En su punto cumbre, en tiempos cercanos a los de Juan, tenía una población de aproximadamente un millón. Para el siglo VI, después que sus ejércitos fueron derrotados, después de perder su base económica, y después de invasiones, hambruna y epidemias, la ciudad tenía solamente unos 30.000 habitantes. En tal situación, no sería sorprendente encontrar bestias salvajes dentro de los límites de la ciudad, en lugares abandonados por los humanos.

Es importante tener en cuenta la relación entre el poderío económico de una ciudad, especialmente si esa ciudad es la capital de un imperio, y la facilidad con que tal ciudad puede ser destruida si ese poderío económico se pierde. También es importante notar la relación estrecha entre el poderío económico y el militar. Cuando se pierde el poderío económico, no hay recursos para sostener ejércitos. Cuando se pierde el poderío militar, se pierde también la seguridad económica. La visión de Juan anunciaba que Babilonia perdería su poderío militar, puesto que los diez reyes de la tierra se volverían contra ella. A esto seguiría inevitablemente su ruina económica. Apocalipsis 18:3 subraya el hecho de que tanto los reyes de la tierra como los mercaderes han contribuido a la prosperidad de Roma. Por tanto, ellos también quedarán afectados por su destrucción.

## La llamada a los fieles: Apocalipsis 18:4-8

[4]Y oí otra voz del cielo, que decía:
«¡Salid de ella, pueblo mío,
para que no seáis partícipes de sus pecados
ni recibáis parte de sus plagas!,
[5]porque sus pecados han llegado hasta el cielo
y Dios se ha acordado de sus maldades.
[6]Dadle a ella tal como ella os ha dado
y pagadle el doble según sus obras.
En el cáliz en que ella preparó bebida,
preparadle el doble a ella.
[7]Cuanto ella se ha glorificado
y ha vivido en deleites,
tanto dadle de tormento y llanto,
porque dice en su corazón:
'Yo estoy sentada como una reina,
no soy viuda y no veré llanto'».

⁸Por lo cual, en un solo día
vendrán sus plagas:
muerte, llanto y hambre,
y será quemada con fuego,
porque poderoso es Dios el Señor, que la juzga.

Aquí cambia la dirección del mensaje. Hasta este momento, la visión se ha centrado en Babilonia. Ahora se vuelve hacia los fieles. Como sucede frecuentemente con las visiones, la secuencia cronológica de las dos cosas no está del todo clara. Un nuevo ángel llama a los fieles a huir de Babilonia antes de su destrucción. Pero por otra parte los capítulos anteriores dan por sentado que los fieles están presentes en medio de la destrucción y les llaman a permanecer fieles a pesar de tales acontecimientos terribles. Quizá se trate aquí únicamente de la destrucción final, ahora tan completa que muy pocos sobrevivirán, y que por tanto marca la hora en que los fieles deben huir. Pero tampoco queda clara la dirección en que deben ir, pues la tierra toda está involucrada en el proceso de destrucción.

Las palabras son semejantes a las que emplean tanto Jeremías como Isaías al tratar acerca de la caída de Babilonia en el siglo VI a.C. Jeremías dice: «¡Salid de en medio de ella, pueblo mío, y salvad vuestra vida del ardor de la ira de Jehová!» (Jer 51:45). Y en Isaías 48:20 encontramos las palabras: «¡Salid de Babilonia! ¡Huid de entre los caldeos!». La destrucción de Babilonia va junto a la redención del pueblo de Dios.

Se acerca el momento de destrucción: «Dios se ha acordado de sus maldades» (18:5). Esto no quiere decir que Dios hubiera estado ocupado en otros asuntos antes y por tanto no se hubiera enterado o acordado de las maldades de Babilonia. Se trata más bien de que Dios las ha dejado pasar sin destruir a Babilonia porque hasta entonces habían servido los propósitos de Dios de distinguir entre los fieles, y ahora ya se han tomado todas las decisiones. Ha pasado también el tiempo del arrepentimiento. Ha pasado el tiempo del juicio, y ahora ha llegado la hora del castigo.

La llamada de Dios a los fieles para que abandonen la ciudad que ha de ser destruida nos recuerda también la historia de Lot y su familia, a quienes Dios instruyó para que salieran de Sodoma antes de su destrucción. También en aquel caso los ángeles anunciaron el desastre inminente (Gn 19:12-23).

No está claro a quién se dirige el versículo 6. ¿Se les está diciendo a los fieles que tomen venganza contra Babilonia? Lo más probable es que no sea así. Se les ha dicho que abandonen la ciudad. Además, a través de toda la visión se llama a los fieles a seguir el camino de la cruz. Ciertamente Dios reivindicará a los fieles; pero Dios empleará sus propios medios y agentes. Babilonia recibirá el doble de su pecado y del sufrimiento que ha acarreado para los demás, bebiendo ahora el doble del cáliz de la ira de Dios.

Hay un contraste irónico entre 18:7-8 y 17:14. En la primera descripción de Babilonia, se nos presenta la ciudad como rica y poderosa, con vestidos lujosos y joyas que son señal de realeza. Se le castigará privándole de tales cosas. La que pretendió gobernar como reina y no pensó que su poder pudiera terminar, será como la viuda despreciada, quien no tiene quien interceda por ella, y que además de su duelo tampoco tiene lugar alguno en la sociedad. Las palabras han sido cuidadosamente escogidas: Roma, la Babilonia de Juan, se ha gloriado en sí misma más bien que en el Dios verdadero. Ahora será despreciada y nada tendrá. Su orgullo y sus malas acciones serán castigados. Hay una relación entre las dos cosas: fue su orgullo lo que la llevó a creer que podía hacer lo que le pareciera, que no tenía que rendirle cuentas a nadie, y lo que la llevó también a cometer sus injusticias y atrocidades.

Hay cierta ironía en las últimas palabras de esta declaración de juicio. Roma se había considerado a sí misma «la ciudad eterna», esto es, indestructible. Pero en un solo día será destruida (18:1). Pensó ser la más poderosa de las ciudades, por encima de todas las demás. Pero Dios es el único que es verdaderamente poderoso; y es este Dios quien la juzgará. Quiéralo o no, la Roma imperial tendrá que responderle a Dios.

## Tiempo de duelo: Apocalipsis 18:9-19

[9]Los reyes de la tierra que han fornicado con ella y con ella han vivido en deleites, llorarán y harán lamentación sobre ella cuando vean el humo de su incendio. [10]Poniéndose lejos por el temor de su tormento, dirán:

«¡Ay, ay de la gran ciudad,
de Babilonia, la ciudad fuerte!,
porque en una sola hora vino tu juicio».

[11]Los mercaderes de la tierra lloran y hacen lamentación sobre ella, porque ninguno compra más sus mercaderías: [12]mercadería de oro y plata; de piedras preciosas y perlas; de lino fino, púrpura, seda y escarlata; de toda madera olorosa, todo objeto de marfil y todo objeto de madera preciosa; de cobre, hierro y mármol; [13]canela y especias aromáticas; incienso, mirra y olíbano; vino y aceite; flor de harina y trigo; bestias y ovejas; caballos y carros; esclavos y almas de hombres. [14]Los frutos codiciados por tu alma se apartaron de ti, y todas las cosas exquisitas y espléndidas te han faltado y nunca más las hallarás.

[15]Los mercaderes de estas cosas, que se han enriquecido a costa de ella, se pondrán lejos por el temor de su tormento, llorando y lamentando, [16]diciendo:

«¡Ay, ay de la gran ciudad,
que estaba vestida de lino fino,
púrpura y escarlata,
y estaba adornada de oro,
piedras preciosas y perlas!,

[17]porque en una sola hora
han sido consumidas tantas riquezas».

Todo piloto y todos los que viajan en naves, los marineros y todos los que trabajan en el mar, se pusieron lejos, [18]y viendo el humo de su incendio dieron voces, diciendo: «¿Qué ciudad era semejante a esta gran ciudad?». [19]Y echaron polvo sobre sus cabezas y dieron voces, llorando y lamentando, diciendo:

«¡Ay, ay de la gran ciudad,
en la cual todos los que tenían naves en el mar
se habían enriquecido de sus riquezas!
¡En una sola hora
ha sido desolada!».

Continúan las escenas dramáticas. Hay varias semejanzas entre esta parte de la visión de Juan y la de Ezequiel acerca de la destrucción de Tiro (Ez 26–27). Imaginemos la escena en Apocalipsis 18. La gran ciudad ha sido destruida. En torno a sus ruinas tres coros cantan. Estos no son romanos, sino más bien otros que se han beneficiado de los anteriores éxitos del imperio. El primer coro lo constituyen los reyes de la tierra (18:9), aquellos que se habían aliado con Roma. El segundo lo constituyen los mercaderes (18:11) que aun desde lejos se habían beneficiado de su comercio con Roma. El tercero son los marinos que vivían transportando hacia Roma las riquezas de todos los rincones del mundo (18:17). En cada uno de los tres casos, están mirando desde lejos, temerosos (18:10, 15, 17), cantando lamentos al ver la ciudad arder. En cada uno de los tres casos, esos lamentos culminan con palabras acerca de la rapidez del juicio sobre la ciudad, en una sola hora (18:10, 17, 19). Estos tres grupos de personas –reyes, mercaderes y marinos– fundamentaban sus éxitos en el poderío romano. La caída de Roma viene a ser para ellos motivo de inseguridad, fracaso y pánico.

El primer grupo, los reyes, son específicamente aquellos reyes cuyos lujos se relacionaban con el éxito de Roma. Son quienes menos tienen que decir. Quizá estarán todavía seguros en sus propios reinos. Quizá hasta tendrán mayor independencia ahora. Quizá teman que les pueda suceder a ellos lo mismo en un futuro. Pero sus lamentos dejan claro que piensan que han perdido a un aliado o amigo.

El segundo grupo, los mercaderes, se refieren más directamente a lo que han perdido. Nada tienen que vender, y nadie les comprará. Nadie tiene dinero para tales cosas. La buena vida pasó. La lista de lo que venden merece atención: mercadería de oro y plata, piedras preciosas y perlas, lino fino, púrpura, seda y escarlata, maderas finas, marfil, especias valiosas, animales, esclavos y «almas de hombres». La mayoría de estas cosas son objetos de lujo. La última son esclavos y almas humanas. Los mercaderes se quejan de que ahora nadie compra tales cosas. Pero la lista misma, con todos sus objetos de lujo y con la venta de esclavos, señala hacia una maldad en que tanto Roma como los mercaderes estaban involucrados. Quizá los esclavos hayan sido personas conquistadas en la batalla. Quizá hayan sido personas pobres que al no poder cubrir sus deudas se vieron en la necesidad de venderse a sí mismas y a sus hijos (18:12-13).

Este lamento de los mercaderes está claro. El mercado para esas cosas que Roma consumía ha desaparecido. Esto se debe por una parte a que la vida lujosa que Roma buscaba era en sí misma pecaminosa, ya que involucraba un sistema económico que producía la miseria de muchos. Y se debe por otra parte a que, aunque el desear tales cosas no hubiera sido pecado, el colocarlas en el centro de la vida misma, tanto personal como social, es abocarse al desastre, ya que tales cosas no merecen nuestro más profundo amor. Aquí se aplican las palabras de Jesús en el sentido de que debemos buscar ante todo el reino de Dios y su justicia (Mt 6:33).

El texto pasa entonces a describir el temor de estos mercaderes, que les lleva a mantenerse a distancia (18:15). Quizá teman que las mismas razones que han llevado al juicio de Roma también les lleven a ellos a la condenación. El lamento de los mercaderes nos recuerda la descripción de la gran ramera en 17:4, y termina con la destrucción de todas sus riquezas.

El tercer grupo, los marinos, son un grupo mixto, pues incluye tanto a los dueños de navíos como a los marineros mismos. Todos se han enriquecido mediante el comercio con Roma (18:19), llevando los productos que los mercaderes vendían, incluso esclavos. Sin Roma, su propia riqueza desaparecerá. Puesto que ahora nadie quiere comprar lo que antes los mercaderes vendían, tampoco hay necesidad de transporte.

Estos marinos son un grupo importante. El Imperio Romano había hecho del Mar Mediterráneo su propio lago privado, pues dominaba toda la tierra alrededor de él, desde Gibraltar hasta la Tierra Santa. El Imperio había empleado su poderío militar para barrer a los piratas de aquel mar, de tal modo que ahora el transporte marino era el más fácil y económico para llevar productos a largas distancias. Lo único que había que temer era el mal tiempo. Cuando la porción occidental del Imperio Romano cayó en el siglo V, uno de los resultados fue la creciente inseguridad de los viajes por mar. También hubo una gran pérdida de riqueza en el Occidente, y por lo tanto el comercio se limitó a lo que era más bien local. No sería sino hasta el siglo XII que una vez más los productos de lujo que los mercaderes mencionan en 18:12-13 volverían a aparecer en los mercados de la Europa occidental.

## *El cántico gozoso: Apocalipsis 18:20-24*

[20]«Alégrate sobre ella, cielo,
y vosotros santos, apóstoles y profetas,
porque Dios os ha hecho justicia en ella».

[21]Un ángel poderoso tomó una piedra, como una gran piedra de molino, y la arrojó en el mar, diciendo:

«Con el mismo ímpetu será derribada
Babilonia, la gran ciudad,
y nunca más será hallada.

[22]Voz de arpistas, músicos,
flautistas y trompetistas
no se oirá más de ti.
Ni se hallará más en ti
artífice de oficio alguno,
ni ruido de molinos
se oirá más en ti.

[23]Luz de lámpara
no alumbrará más en ti,
ni voz de esposo y esposa
se oirá más en ti,
porque tus mercaderes
eran los grandes de la tierra
y por tus hechicerías fueron
engañadas todas las naciones».

[24]En ella se halló la sangre de los profetas y de los santos y de todos los que han sido muertos en la tierra.

Sin que el texto lo diga explícitamente, en el versículo 20 parece que se trata de otro coro, y no del de los marinos. Hasta el versículo anterior todo era una endecha lamentando la suerte de Babilonia. Pero aquí cambia radicalmente el tono de lo que se dice, pues lo que leemos es un himno de regocijo por la acción de Dios. Mientras los reyes, mercaderes y marinos están de duelo, esta voz que aparece ahora llama a los santos, apóstoles y profetas —es decir, a los fieles— a regocijarse porque quien les perseguía, quien constantemente procuraba seducirlos para que cayeran en idolatría y otros pecados, ha sido destruido. No solo Babilonia ha sido juzgada, sino también los santos; pero mientras el juicio recae en contra de Babilonia, se declara a favor de los santos.

Entonces entra en escena otro ángel, al parecer mientras todavía los tres coros que se han estado lamentando ven la ciudad arder, y el coro celestial ve lo mismo con alegría. Este ángel toma una gran piedra y la lanza al mar. Quizá esto se base en las palabras de Jesús que encontramos en los Evangelios sinópticos, que si alguien sirve de tropiezo en el camino del discipulado de uno solo de los más pequeños, le sería mejor que se le atara una piedra de molino al cuello y se le lanzara al mar (Mt 12:6; Mc 9:46; Lc 17:2). Roma ciertamente les había servido de tropiezo en el camino de la fe a muchos de entre los fieles, y por tanto el ángel declara que de igual manera «Babilonia» será destruida «y nunca más será hallada».

El ángel continúa describiendo todas las comodidades y deleites que ya no serán parte de la vida en Babilonia, ahora ciudad desierta y destruida: no habrá músicos, ni artesanos, ni molinos, ni luz de lámpara, ni bodas. Es interesante comparar esta lista con la que aparece en 18:12-13. Aquella otra lista consistía en efectos de lujo que solamente podrían tener los ricos. Pero esta otra lista incluye los más sencillos deleites de la vida ordinaria, que hasta los más pobres pueden o al menos desean disfrutar. No hay que ser rico para escuchar a algún músico, aunque los ricos pueden pagarles a los trovadores y trompetistas. Aun para la vida común se requieren artesanos, aunque naturalmente los ricos podrán contratar a los más hábiles. Todos tienen necesidad de molinos, aunque es muy posible que la harina de los ricos sea más fina. Hay alguna clase de luz en todos los hogares, pero las de los ricos resplandecen más. Cuando toda una sociedad se descarría, el juicio contra ella afecta a todos los que son parte de ella.

El ángel declara que el juicio ha venido en parte porque los mercaderes de Babilonia se han vuelto demasiado poderosos y han corrompido a aquellos con quienes comerciaban. El poderío económico de Babilonia era uno de los principales medios por los cuales la idolatría se fomentaba. Había sido el éxito mismo de Roma, la Babilonia de Juan, lo que había llevado a otras naciones a unirse a ella e integrar sus economías con la de ella. Otras naciones y otros mercaderes siguieron los caminos idólatras de Roma porque la admiraban, haciendo entonces lo que le placía a ella, y así corrompiéndose a sí mismos. Si Roma hubiera sido una nación débil o pobre, no habría tentado a otros a imitarla y seguirla. El éxito mismo de Roma como poder económico fue un factor importante que llevó al juicio de Dios contra ella. El éxito económico no es medida confiable de virtud.

Lo último que el ángel dice es que de algún modo Roma es responsable por la muerte de los santos y los profetas. A ella se debía «la sangre de los profetas y de los santos y de todos los que han sido muertos en la tierra» (18:24). Naturalmente, esto no es un dato histórico preciso, puesto que tales cosas habían existido desde mucho antes de que Roma apareciera en el horizonte. Lo que el pasaje quiere decir es que el carácter mismo del Imperio manifiesta la búsqueda del poder, la avaricia que se nutre del poder, la injusticia que surge de tal avaricia, y la idolatría que es la base ideológica que lleva a la búsqueda de un poder ilimitado y de sus frutos. Es toda esta constelación de maldad lo que mató a los profetas que proclamaron la soberanía y justicia de Dios, así como a los santos que vivieron siguiendo la ley de Dios. En ese sentido, Roma era la encarnación de la bestia en su tiempo, la forma política que toma el mal que se opone a Dios y que llama a la humanidad a la misma oposición.

# CAPÍTULO X

## El fin de lo viejo:
## Apocalipsis 19:1–20:15

### *Gozo en el cielo: Apocalipsis 19:1-5*

[1]Después de esto oí una gran voz, como de una gran multitud
en el cielo, que decía:
«¡Aleluya!
Salvación, honra, gloria y poder
son del Señor Dios nuestro,

[2]porque sus juicios son verdaderos y justos,
pues ha juzgado a la gran ramera
que corrompía la tierra con su fornicación,
y ha vengado la sangre de sus siervos
de la mano de ella».

[3]Otra vez dijeron:
«¡Aleluya!

El humo de ella ha de subir
por los siglos de los siglos».

⁴Entonces los veinticuatro ancianos y los cuatro seres vivientes
se postraron en tierra y adoraron a Dios, que estaba sentado
en el trono. Decían: «¡Amén! ¡Aleluya!». ⁵Y del trono salió una
voz que decía:

«Alabad a nuestro Dios
todos sus siervos, y los que lo teméis,
así pequeños como grandes».

El capítulo 18 del Apocalipsis terminó con palabras de condenación y destrucción sobre Babilonia/Roma. Ahora, al principio del 19, aparece de nuevo la tonalidad opuesta, de gozo
y victoria. Pero hay una relación estrecha entre ambas cosas,
pues lo que ha cambiado es solamente la perspectiva. Puede haber gozo en el cielo precisamente por la destrucción de
Roma. Cuando el Apocalipsis habla de «una gran multitud»,
se refiere no solamente a los ángeles y ejércitos celestiales, sino
a todos los santos, a quienes han sido fieles a Dios sobre la
tierra, y a quienes han sufrido como mártires a causa de su fe.
El contenido del himno que canta esta gran multitud es de
alabanza a Dios. En realidad, los santos reciben ese título por
el hecho mismo de que han escogido alabar a Dios en lugar de
a Babilonia. Al ser destruida Babilonia, desaparece la posibilidad de alabarla a ella en lugar de a Dios.

Los santos y los ejércitos celestiales alaban la justicia de
Dios. La destrucción de Babilonia es una acción justa, puesto
que Babilonia les ha dado muerte a los santos, y su destrucción
es la reivindicación de la sangre de esos santos. Parte del mensaje del evangelio es la palabra de la cruz. Los santos no to-
maron venganza. Sufrieron y murieron en aparente debilidad.
Vivieron según el consejo de Pablo: «No os venguéis vosotros
mismos, sino dejad lugar a la ira de Dios» (Rom 12:19). Ahora

la ira de Dios ha venido, y su acción es justa. Por extraño que nos parezca a primera vista, sin ira no habría justicia, y por tanto la alabanza a Dios no sería completa. Todavía continuaría entonces la oposición e idolatría de las Babilonias de la tierra. No son solamente los santos quienes cantan «¡Aleluya!». Los 24 ancianos y los seres vivientes que Juan ha descrito anteriormente continúan adorando junto al trono de Dios (cf. 4:4-8). Sus palabras dejan bien claro que esta alabanza tiene lugar allí, frente al trono. Y la voz que sale del trono invita a todos a alabar a Dios, «así pequeños como grandes». Esto parece referirse a los santos que aparentemente algunos consideraban grandes por haber sufrido el martirio, y por igual a aquellos que fueron fieles de maneras menos espectaculares.

## La esposa y las bodas del Cordero: Apocalipsis 19:6-10

[6]Y oí como la voz de una gran multitud, como el estruendo de muchas aguas y como la voz de grandes truenos, que decía:

«¡Aleluya!,
porque el Señor, nuestro Dios Todopoderoso, reina.
[7]Gocémonos, alegrémonos
y démosle gloria,
porque han llegado las bodas del Cordero
y su esposa se ha preparado.

[8]Y a ella se le ha concedido
que se vista de lino fino,
limpio y resplandeciente
(pues el lino fino significa las acciones justas de los santos)».

[9]El ángel me dijo: «Escribe: 'Bienaventurados los que son llamados a la cena de las bodas del Cordero'». Y me dijo: «Estas son palabras verdaderas de Dios».

[10]Yo me postré a sus pies para adorarlo, pero él me dijo: «¡Mira, no lo hagas! Yo soy consiervo tuyo y de tus hermanos que mantienen el testimonio de Jesús. ¡Adora a Dios!». (El testimonio de Jesús es el espíritu de la profecía).

La narración continúa avanzando. Juan tiene una visión breve pero importante de la victoria que tendrá lugar tras la caída de Babilonia, es decir, en un futuro no corrompido por el pecado. ¿Qué sucederá después que se cumpla la venganza de Dios, después de la destrucción de Babilonia y de todos los enemigos de Dios? ¿Habrá un resultado nuevo y positivo después que terminen todas estas guerras de que se habla? Los versículos del 6 al 10 presentan esta visión sobrecogedora, para después volver a llevar al lector al momento de la destrucción final del pecado y todos sus aliados.

¿Quién habla aquí? El texto no lo dice, pero aparentemente se trata de la voz colectiva de la gran multitud que se menciona en 19:1. Esa voz anuncia no solamente la victoria de Dios, sino también, más allá de ella, las bodas del Cordero. El Cordero va a contraer nupcias con su esposa. Ya se nos ha dicho que el Cordero es Cristo (cf., especialmente, 5:6-14). Ahora veremos que la esposa de Cristo es el conjunto de quienes le han sido fieles, es decir, la iglesia.

La imagen del pueblo de Dios como esposa de Dios aparece frecuentemente en las Escrituras. Esto es lo que le da un poder especial a la imagen de la ramera, pues representa todo lo contrario a la fidelidad a la alianza del matrimonio y por tanto también a los requerimientos de la alianza o pacto con Dios. En el Nuevo Testamento, Pablo se refiere a la iglesia en Corinto como la esposa que se está preparando para Cristo (2 Cor 11:2). En Efesios 5:23-32 se usa la misma imagen de la esposa. La esposa de Cristo es la antítesis de la gran ramera. Lo que las distingue es el objeto de su amor y los pactos que hacen. También se distinguen por su vestimenta. Mientras la ramera se viste para invitar a otros al pecado, la esposa se viste de «un lino fino, limpio y resplandeciente», y este lino fino «significa las acciones justas de los santos». Esas acciones justas son el modo en que la esposa «se ha preparado». Tanto la ramera como la esposa son entidades corporativas, aunque en ambos casos se usen imágenes de personas individuales.

Este simbolismo de la fiesta de bodas es importante también porque anuncia un nuevo grado de unión que ha sido prometido pero que todavía no ha tenido lugar. También señala el carácter íntimo y permanente de la unión que ha de seguir a la fiesta.

Esto le recuerda al lector que Juan está recibiendo una visión en la que escucha la voz de un ángel que le ha dicho que escriba ciertas palabras específicas y que describa lo que está viendo y oyendo. Las palabras que aquí aparecen son significativas: «Bienaventurados los que son llamados a la cena de las bodas del Cordero». A esto sigue la afirmación de que «estas son palabras verdaderas de Dios». La bienaventuranza o felicidad no es únicamente la opinión del ángel. Es la bendición y promesa del mismo Dios a todos los invitados a la fiesta de bodas. Sobre esto se deben señalar dos cosas. En primer lugar, nadie puede participar del banquete celestial sin ser invitado. En segundo lugar, el ser invitado es una gran bendición. Los invitados son quienes forman parte de la esposa, aquellos cuyas acciones justas la visten de lino fino.

Esta imagen de las fiestas de boda aparece frecuentemente en los Evangelios, y en este pasaje escuchamos ecos de las parábolas. Posiblemente la más notable sea la parábola que aparece en Mateo 22:1-14, donde los invitados al banquete de bodas se niegan a asistir, y otros son invitados en su lugar. Pero cuando esos otros llegan, se les rechaza porque no llevan la vestimenta necesaria. Aquí, en la visión de Juan, los invitados son quienes han contribuido al vestido matrimonial de la esposa precisamente a través de sus acciones justas.

Juan queda tan sorprendido ante esta proclamación que cae postrado ante los pies del ángel para adorarle. Repetidamente ha escuchado antes voces de ángeles, pero no ha respondido de la misma manera. Lo que es diferente aquí es que se encuentra en presencia de la Palabra de Dios, pronunciada por el ángel. Y aun entonces el ángel le dice que no debe adorarle, puesto que él mismo no es sino un siervo de Dios, así como lo son Juan y los demás cristianos. Todos ellos han de permanecer firmes en el testimonio de Jesús. Pero solamente Dios ha de ser adorado. Quienes proclaman el mensaje de Jesús no deben ser objeto de adoración.

Pero quienes dan testimonio fiel de Jesús son verdaderos profetas. El espíritu de profecía no puede separarse del testimonio fiel a Jesús. Cualquier profeta que proclame algo contrario al verdadero testimonio acerca de Jesús no es verdadero profeta. El espíritu de profecía está unido al mensaje acerca de Jesús que tanto Juan como la comunidad cristiana han de proclamar.

## *El caballo blanco y su jinete: Apocalipsis 19:11-16*

[11]Entonces vi el cielo abierto, y había un caballo blanco. El que lo montaba se llamaba Fiel y Verdadero, y con justicia juzga y pelea. [12]Sus ojos eran como llama de fuego, en su cabeza tenía muchas diademas y tenía escrito un nombre que ninguno conocía sino él mismo. [13]Estaba vestido de una ropa teñida en sangre y su nombre es: La Palabra de Dios. [14]Los ejércitos celestiales, vestidos de lino finísimo, blanco y limpio, lo seguían en caballos blancos. [15]De su boca sale una espada aguda para herir con ella a las naciones, y él las regirá con vara de hierro. Él pisa el lagar del vino del furor y de la ira del Dios Todopoderoso. [16]En su vestidura y en su muslo tiene escrito este nombre: Rey de reyes y Señor de señores.

Termina el interludio placentero y volvemos al tema de la destrucción y al campo de batalla. El jinete que cabalga sobre un caballo blanco desciende del cielo a fin de luchar con la bestia. Ciertamente esto se refiere a Cristo. En este breve pasaje se le dan muchos nombres: «Fiel y Verdadero», «Palabra de Dios», «Rey de reyes y Señor de señores». También se dice que «tenía escrito un nombre que ninguno conocía sino él mismo». Lo que esto quiera decir no está del todo claro. Su nombre ciertamente es Jesús. ¿Quiere entonces decir esto que ese nombre les será revelado a todos al final? Esto parece sugerirse en 3:12, donde Jesús les promete a los fieles que sobre ellos estarán escritos el nombre de Dios, el nombre de la ciudad de Dios, y el nombre nuevo del propio Jesús.

El jinete que cabalga sobre el caballo blanco va coronado con muchas diademas, aparentemente para mostrar que es más poderoso que la bestia que lleva diez diademas (13:1; 19:12). Sus ojos son como los de la figura de Cristo que apareció al principio de la visión de Juan (1:14). Su ropa está teñida en sangre, y se afirma que es él quien «pisa el lagar del vino del furor y de la ira del Dios Todopoderoso». Esta es la imagen que aparece antes cuando se anuncia la destrucción de la tierra en 14:19-20. Solo él es capaz de destruir los poderes del mal.

Es importante señalar el arma que el jinete lleva y con la que conquistará a sus enemigos: de su boca sale una espada que no es otra cosa que la Palabra de Dios. La imagen de esa Palabra como espada aparece frecuentemente en el Nuevo Testamento, y no solamente en la visión de Juan. Aparece tres veces en el Apocalipsis: en primer lugar, en 1:16, donde se describe a Jesús diciendo que de su boca sale una espada de dos filos; en segundo lugar, en 2:12, el mensaje a la iglesia de Pérgamo describe a Jesús como quien tiene la espada de dos filos; y, por último, en 2:16, el mensaje a esa misma iglesia advierte que Jesús vendrá a guerrear contra ellos con la espada de dos filos. En Efesios 6:17, se llama a los cristianos a tomar «la espada del Espíritu, que es la palabra de Dios». Y Hebreos 4:12 amplifica esta imagen: «La palabra de Dios es viva, eficaz y más cortante que toda espada de dos filos: penetra hasta partir el alma y el espíritu, las coyunturas y los tuétanos, y discierne los pensamientos y las intenciones del corazón».

La única arma que importa es la Palabra de Dios. Los caballos y carros de guerra, los ejércitos y las armas de destrucción masiva, los poderes económicos y políticos de toda suerte, todos estos son como nada ante la Palabra de Dios. Las armas de Babilonia aparecen terribles, pero no pueden permanecer ante el ímpetu de la Palabra de Dios. Aquellos fieles que estaban sufriendo en Asia Menor, que temían que hubiera más persecución, escuchan una palabra de aliento que les llama a mantenerse firmes con la Palabra de Dios y a no temer las armas que Roma puede usar contra ellos. De este modo se nos recuerdan también las palabras de Jesús en Mateo 10:28: «No temáis a los que matan el cuerpo pero el alma no pueden matar; temed más bien a aquel que puede destruir el alma y el cuerpo en el infierno». Este jinete por sí solo, este jinete que es la Palabra de Dios, puede destruir a todos los ejércitos de Babilonia. Él es «Rey de reyes y Señor de señores».

## El otro banquete: Apocalipsis 19:17-21

[17]Vi un ángel que estaba de pie en el sol, y clamó a gran voz diciendo a todas las aves que vuelan en medio del cielo: «¡Venid y congregaos a la gran cena de Dios! [18]Para que comáis carnes de reyes y capitanes y carnes de fuertes; carnes de caballos y de sus jinetes; carnes de todos, libres y esclavos, pequeños y grandes».

[19]Vi a la bestia y a los reyes de la tierra y sus ejércitos, reunidos para guerrear contra el que montaba el caballo y contra su ejército. [20]La bestia fue apresada, y con ella el falso profeta que

había hecho delante de ella las señales con las cuales había engañado a los que recibieron la marca de la bestia y habían adorado su imagen. Estos dos fueron lanzados vivos dentro de un lago de fuego que arde con azufre. ²¹Los demás fueron muertos con la espada que salía de la boca del que montaba el caballo, y todas las aves se saciaron de las carnes de ellos.

Mientras se invita a los santos al banquete de bodas del Cordero, también se proyecta otro banquete. Este es un terrible festín del que nadie quisiera participar. La invitación la hace un ángel, y se dirige a todas las aves de presa que vuelan por los cielos. La comida en ese festín consistirá en los cuerpos de los reyes y capitanes, de caballos y ejércitos, que se habían reunido para batallar contra el jinete que cabalga en el caballo blanco. Esta visión es en varios modos paralela a la visión que tuvo Ezequiel de la destrucción de los enemigos de Israel antes de la construcción del nuevo templo (Ez 39:17-20). En esa visión, Dios le manda a Ezequiel que invite a las aves y animales salvajes al festín.

La batalla tiene lugar rápidamente. La bestia es capturada, como lo es también el falso profeta que llamó a la humanidad a servir a la bestia. Ambos son arrojados al lago de fuego. El resto de sus ejércitos, ahora que ya no tienen quien los encabece, es rápidamente destruido. Entonces las aves vienen a comer la carne de los caídos.

En Apocalipsis 17–19, hay paralelismos o contrastes entre la gran ramera y la esposa del Cordero, y también entre el festín de las aves que comen la carne de los ejércitos derrotados y el banquete de bodas del Cordero. Quienes siguen a la gran ramera terminarán en el terrible festín de las aves. Quienes siguen al Cordero irán al bendito banquete de bodas porque son parte de la esposa. Entonces el mensaje que se dirige a los lectores de Juan es que han de permanecer firmes de tal modo que puedan ser parte del buen banquete.

También se les consuela haciéndoles ver que quienes ahora parecen ser tan poderosos, quienes ahora les persiguen, a la postre serán destruidos.

## El milenio: Apocalipsis 20:1-3

[1]Vi un ángel que descendía del cielo con la llave del abismo y una gran cadena en la mano. [2]Prendió al dragón, la serpiente antigua, que es el Diablo y Satanás, y lo ató por mil años. [3]Lo arrojó al abismo, lo encerró y puso un sello sobre él, para que no engañara más a las naciones hasta que fueran cumplidos mil años. Después de esto debe ser desatado por un poco de tiempo.

El capítulo 20 del Apocalipsis incluye algunas de las líneas más discutidas a través de la historia de la interpretación bíblica. Es aquí que aparece el tema de los mil años durante los cuales los poderes del mal quedan reprimidos, lo que comúnmente se llama el «milenio». Durante este período Cristo reina junto a los mártires que se han levantado de entre los muertos en la primera de dos resurrecciones.

Los cristianos han debatido abundantemente sobre el sentido exacto y la cronología del milenio. Algunos piensan que el milenio comenzó con la resurrección de Cristo y que vivimos ahora en ese período de mil años. Otros sostienen que el pasaje se refiere a mil años de paz antes de la segunda venida de Cristo, y que esos años todavía no han llegado. Otros piensan que el milenio vendrá después del retorno del Señor.

En el Apocalipsis, después que pasa este período de mil años, el poder del mal queda desatado. Viene entonces la batalla final, así como la resurrección de los muertos y el juicio de todos los seres humanos. En todo caso, se trata de un capítulo complejo que es mejor discutir detalladamente en varias porciones breves.

La bestia y su imagen han sido destruidas. Pero el dragón, que es el poder que se encuentra tras todas las otras manifestaciones del mal, todavía permanece. Ahora el dragón es capturado y quedará atado por espacio de mil años. Esto resulta ser una paz interina, hasta que el diablo sea liberado de su cautividad y se le permita otra vez estar activo por un breve tiempo.

Pero la visión de Juan no nos ofrece un calendario claro. Lo que es importante para él, así como para las iglesias a que se dirige, es que vendrá un momento cuando aparentemente el mal será vencido. Pero eso no quiere decir que el verdadero poder detrás de toda maldad −el dragón, Satanás− haya sido completamente destruido. Tampoco quiere decir en modo alguno que Dios no pueda destruir el mal de una vez por todas e inmediatamente. Pero de alguna manera los propósitos de Dios le llevan a permitir este interludio de paz, este tiempo sin maldad, y luego dejar que el mal vuelva a regir. ¿Qué han de hacer los cristianos si cesa la persecución y ya no hay oposición a la iglesia? ¿Se olvidarán de ser fieles también en tiempos de paz? ¿Qué sucederá si hay un largo período de paz, y entonces el dragón surge de nuevo, aunque sea por un breve tiempo? ¿Permanecerán fieles esos cristianos que se han acostumbrado a tiempos más felices? Esto es parte de lo que parece debatirse aquí, de igual manera que fue parte de lo que se discutía en las cartas a las iglesias de Sardis (3:1-6) y Laodicea (3:14-22).

El milenio se presenta aquí como parte de la historia de este mundo, aquí en la tierra. La visión implica que la nueva tierra no vendrá a ser una realidad hasta que la vieja tierra también sea redimida, lo cual tiene lugar durante este período de mil años en los que el mal parece estar reprimido. El poder del mal disminuye, y la redención comienza a trabajar para llevar hacia la transformación del mundo al fin de la historia. Tal interpretación es más optimista que la que da a entender que el mal no tendrá verdadera oposición en esta tierra hasta el fin.

## Las dos resurrecciones: Apocalipsis 20:4-6

⁴Vi tronos, y se sentaron sobre ellos los que recibieron facultad de juzgar. Y vi las almas de los decapitados por causa del testimonio de Jesús y por la Palabra de Dios, los que no habían adorado a la bestia ni a su imagen, ni recibieron la marca en sus frentes ni en sus manos; y vivieron y reinaron con Cristo mil años. ⁵Pero los otros muertos no volvieron a vivir hasta que se cumplieron mil años. Esta es la primera resurrección. ⁶Bienaventurado y santo el que tiene parte en la primera resurrección; la segunda muerte no tiene poder sobre estos, sino que serán sacerdotes de Dios y de Cristo y reinarán con él mil años.

El pasaje continúa describiendo los mil años antes de la destrucción final del dragón. Ahora se refiere a dos resurrecciones distintas. En la primera resurrección, los mártires que murieron por su fe –los que aquí se llaman «los decapitados»– se levantan para reinar con Cristo durante los mil años. Entre todos los mártires, solamente unos pocos serían decapitados. Lo normal era que un ciudadano romano condenado a muerte fuera decapitado, como sucedió con el apóstol Pablo. Pero la mayoría de los otros sufrían bajo otros medios de ejecución más dolorosos. Luego, si lo tomáramos literalmente, los mártires «decapitados» a que esto se refiere serían solamente una pequeña porción de los fieles.

¿Quiénes son los resucitados en esa primera resurrección? Si se trata de todos los fieles, ¿quiénes serán los resucitados en la segunda resurrección? ¿Serán solamente los que murieron antes del milenio, y no todos los fieles que vivirían durante los mil años? Juan no nos ofrece respuestas a estas preguntas que inmediatamente nos hacemos, puesto que lo que está haciendo no es, como imaginamos, dándonos un plan detallado de los acontecimientos por venir. Lo que quiere dejar bien claro es que los mártires serán reivindicados. No cabe duda de su fidelidad, y no sufrirán alguna otra prueba. Están listos para reinar con Cristo cuando llegue el momento. Durante ese tiempo cumplen su papel como pueblo sacerdotal. Otros parecen no estar listos para tal tarea. No han resucitado, ni resucitarán, sino después que pasen los mil años y el dragón esté de nuevo desatado. ¿Quiere esto decir que serán probados de nuevo y que tendrán todavía la posibilidad de caer? Por mucho que nos interese todo esto, el texto bíblico no nos ofrece respuesta.

¿En qué consiste este interludio de paz? En el resto de la literatura bíblica no se nos habla de un período de mil años durante el cual Cristo reinará con los santos antes de llegar el fin de la historia. Lo que es más, los cristianos han interpretado los mil años a que se refiere este pasaje de diversas maneras a través de los años. Por ejemplo, en el siglo IV San Agustín daba por sentado que hubo 6000 años antes de la venida de Cristo y que los mil años a que el Apocalipsis se refiere comenzaron con el nacimiento de Jesús. Tal interpretación llevaba a la conclusión de que la historia terminaría en el año 1000, de manera que los años entre la primera venida de Jesús y la segunda serían el período de la iglesia. Durante los primeros años de la Edad Media los cristianos que seguían esa interpretación estaban convencidos de que el fin llegaría en el año 1000, con el resultado de que cuando esa fecha se acercó hubo grandes preocupaciones y expectativas. Después que pasó esa fecha, hubo quien pareció respirar de alivio. En parte, lo que llevó a Agustín y a muchos otros a pensar de esta manera era la idea de que la historia era como una inmensa semana que tendría seis días de 1000 años cada una, además de un último día, el sábado, de otros 1000 años más. Al acercarse el año 2000 hubo también quien se planteó preguntas semejantes, lo cual llevó a un despertar del interés por el milenio.

También la idea de dos resurrecciones diferentes encuentra poco apoyo en la más antigua literatura cristiana. Todo esto involucra varias cuestiones. Resulta claro que la muerte no puede separar de Cristo a quienes están en él. Sabemos que la idea según la cual cuando las personas mueren el alma va directamente al cielo, y que allí tiene lugar la vida eterna, no es de origen bíblico. La Biblia habla más bien de una vida eterna cuya plenitud empieza con la resurrección del cuerpo. Pero la idea de que haya un tiempo entre la muerte de un cristiano y la resurrección parece implicar un apartarse de Cristo que tampoco es aceptable.

En el Apocalipsis, los santos están ya en el cielo, aunque todavía no gozan de la plenitud de la vida eterna (el pasaje acerca del quinto sello [6:9-11] coloca las almas de los mártires bajo el altar celestial, donde se les dice que han de reposar por algún tiempo más. Evidentemente esto tiene lugar antes de su resurrección). Luego, más bien que tratar de desarrollar todo un calendario detallado de los acontecimientos futuros, lo que deberíamos hacer es más bien confiar ese futuro en las manos de quien creó el tiempo y la eternidad, cuyo amor nos ha sido revelado en Jesucristo.

## El conflicto final: Apocalipsis 20:7-10

[7]Cuando los mil años se cumplan, Satanás será suelto de su prisión [8]y saldrá a engañar a las naciones que están en los cuatro ángulos de la tierra, a Gog y a Magog, a fin de reunirlos para la batalla. Su número es como la arena del mar. [9]Subieron por la anchura de la tierra y rodearon el campamento de los santos y la ciudad amada; pero de Dios descendió fuego del cielo y los consumió. [10]Y el diablo, que los engañaba, fue lanzado en el lago de fuego y azufre donde estaban la bestia y el falso profeta; y serán atormentados día y noche por los siglos de los siglos.

Cuando Satanás es liberado, son muchos quienes le siguen. Los dos nombres que se mencionan aquí, Gog y Magog, aparecen frecuentemente en la literatura apocalíptica judía. En Ezequiel 38:2, Gog está «en tierra de Magog», y es «príncipe soberano de Mesec y Tubal». Cuando Israel estaba abrumado y desconsolado en medio del exilio, el profeta Ezequiel recibió la visión del valle de los huesos secos que anunciaba la resurrección de la nación (Ezequiel 37). En esa visión, tras la resurrección de los huesos, Gog encabeza una invasión contra Israel, que ha sido renovado. Los capítulos 38 y 39 de Ezequiel describen la batalla y la destrucción de Gog y Magog, así como la invitación a las aves a consumir la carne de los caídos (Ez 39:17-20). Esto es paralelo a lo que vemos en Apocalipsis 19:17-21.

El mal no desaparece rápidamente. Ni siquiera los mil años de paz que han tenido lugar han detenido la facilidad con que algunos están dispuestos a seguir a Satanás cuando este aparece. Apocalipsis 20:8 dice que los seguidores de Gog y Magog son tan numerosos como las arenas del mar. Satanás engaña a las naciones hasta los mismos rincones del mundo. Esto parece extrañarnos, pero señala simbólicamente hacia un punto muy importante. En torno al centro de la tierra, están sus cuatro rincones. El asentamiento de los santos es «la ciudad amada», que se encuentra al centro. Los ejércitos que marchan contra ella vienen de los rincones. La ciudad amada es Jerusalén, cuya transformación celestial se verá en el próximo capítulo.

En realidad, no hay verdadera batalla. Los ejércitos de Gog y Magog se reúnen en torno a los santos, quienes están en la ciudad amada. Fuego desciende del cielo y mata a los malvados. Es entonces que el diablo se une a la bestia y al falso profeta para quedar sumidos eternamente en el lago de fuego y azufre.

## *El juicio final: Apocalipsis 20:11-15*

[11]Vi un gran trono blanco y al que estaba sentado en él, de delante del cual huyeron la tierra y el cielo y ningún lugar se halló ya para ellos. [12]Y vi los muertos, grandes y pequeños, de pie ante Dios. Los libros fueron abiertos, y otro libro fue abierto, el cual es el libro de la vida. Y fueron juzgados los muertos por las cosas que estaban escritas en los libros, según sus obras. [13]El mar entregó los muertos que había en él, y la muerte y el Hades entregaron los muertos que había en ellos, y fueron juzgados cada uno según sus obras. [14]La muerte y el Hades fueron lanzados al lago de fuego. Esta es la muerte segunda. [15]El que no se halló inscrito en el libro de la vida, fue lanzado al lago de fuego.

El Apocalipsis cuenta con muchas batallas y contiendas al parecer finales, pero después de ellas el mal vuelve a surgir como plaga del mundo. Ahora, cuando definitivamente llega el fin, este se describe en términos breves. Pero estos pocos versículos describen la meta hacia la que se dirigía todo lo que ha acontecido antes, y apuntan hacia el cumplimiento de las promesas que los fieles han recibido. Todo lo que Juan ve ahora es a Dios en su trono. Cuando el trono se menciona antes en el Apocalipsis, generalmente se nos presenta como rodeado por los 24 ancianos y los cuatro seres vivientes. El que estaba sentado en el trono era entonces objeto de la adoración de estos en torno a él (véase particularmente en los capítulos 4 y 5). Pero ahora no se menciona a los ancianos, ni a los seres vivientes, ni la tierra, ni el cielo. Todo parece haber desaparecido. Solo permanece Dios sobre su trono. Ha llegado el momento del juicio. Bien podemos esperar que al final de la historia la tierra desaparezca; pero aquí también encontramos la idea inesperada de que el cielo también desaparece. Tanto el cielo como la tierra son creación de Dios, y Dios se encuentra más allá de ambos.

Ni siquiera aquellos que formaron parte de la primera resurrección se mencionan aquí. Todo tendrá que ser renovado al terminar el juicio. Todo será parte de una nueva creación más allá de toda maldad y todo juicio. Los muertos resucitan para ser juzgados. Todos ellos se presentan ante el trono. Nadie puede pensar que es tan insignificante que lo que hace no tiene importancia. Tanto los grandes como los pequeños son juzgados. Los que están enterrados en el mar tampoco escapan. La muerte no tiene ya control sobre los muertos. El Hades, lugar de condenación, también pierde su poder. En una palabra, todos, no importa si están sumidos en el mar, en la muerte o en el Hades, aparecerán para ser juzgados.

¿Será esta la segunda resurrección? Juan no le da ese nombre. Se trata de una comparecencia ante el trono y de llevar a los muertos ante el juicio, pero no lleva necesariamente a la vida eterna. Por lo general el término «resurrección» tiene esa connotación positiva de vida eterna, que no se menciona aquí. Todo lo que se dice aquí es que todos los que han muerto serán juzgados al fin de la historia. Y que Dios es el único juez.

¿Sobre qué base serán juzgados los muertos? Sobre la base de lo que se incluye en dos libros. Resulta fácil imaginarnos que se trata de dos libros, uno de ellos con listas de todas las malas acciones humanas, y otro de las buenas. Pero la situación no es tan sencilla. Apocalipsis 20:12 dice que «Los libros fueron abiertos, y otro libro fue abierto, el cual es el libro de la vida» –lo cual parece dar a entender que hay al menos tres libros–. Juan no nos explica el carácter ni el contenido de los primeros de ellos, sino que se refiere casi exclusivamente al «libro de la vida».

La frase «el libro de la vida» aparece en el Nuevo Testamento solamente en el Apocalipsis y en otro sitio. Se trata de la carta de Pablo a los filipenses, donde se refiere a sus colaboradores como personas «cuyos nombres están en el libro de la vida» (Flp 4:3). La misma frase aparece seis veces en el Apocalipsis: tres antes del capítulo 20, dos en este capítulo, y una vez más en el 21. En 3:5, Jesús es quien tiene poder para borrar un nombre del libro de la vida. En 13:8, es «el libro de la vida del Cordero que fue inmolado». Y en 17:8 se nos habla de la sorpresa de aquellos cuyos nombres no están en el libro de la vida al ver aparecer a la bestia.

En los dos últimos casos, se dice que los nombres que están en el libro de la vida estaban en él desde la fundación del mundo. Luego, este libro de la vida no es una sencilla lista de las buenas acciones de las personas. Tampoco es una lista de quienes han hecho más bien que mal. El fundamento último del juicio no es la moral. En la presencia de Dios, no hay criatura alguna que sea perfectamente justa. El libro de la vida se refiere más bien a la fe y fidelidad respecto a Jesús. Quienes tienen fe en Jesús se han arrepentido y reciben perdón. Han vencido porque han seguido a quien ha vencido a todo mal. Pero esto no es una «gracia barata». La fidelidad en la vida terrena implica seguir y servir a Jesús y no a la bestia. Tal fidelidad puede llevar a grandes sufrimientos y hasta a la muerte.

Estos breves versículos están preñados de importantes temas teológicos: la relación entre la fe y las obras y entre el libre albedrío y la gracia. Afirma la importancia de las obras, pero la fidelidad es lo central. Los nombres de los redimidos están escritos en el libro de la vida del Cordero desde la fundación del mundo, pero Jesús puede borrar de él los nombres de quienes no sean fieles. Lo que sí está claro es que la vida de cada cual quedará al descubierto, que nada quedará oculto al escrutinio de Dios. Además del libro de la vida, los otros libros están llenos de todo lo que hemos hecho, tanto bueno como malo. Pero más allá de tales hechos está el libro de la vida. Aquellos cuyos nombres están en él son los redimidos, cuyas malas acciones han sido perdonadas y cuya fidelidad ha sido probada como por fuego.

El juicio incluye la condenación de la muerte y del Hades. Se les lanza al lago de fuego, donde se unen a la bestia, al falso profeta y al diablo. El poder de todos ellos ha llegado a su fin. Juan llama a este lago de fuego «la segunda muerte». La primera muerte es aquella por la que pasan todas las criaturas. A esa muerte puede seguir la verdadera resurrección. Los mártires ya la han recibido, y no se enfrentan a la segunda muerte. Pero quienes son juzgados en el día final se enfrentan a la posibilidad de esta segunda muerte, tras la cual no hay resurrección. En la carta a Esmirna, Jesús dice: «El vencedor no sufrirá de la segunda muerte» (2:11). El diablo y sus agentes, así como la muerte y el Hades, carecen de poder futuro porque han sido lanzados al lago de fuego del cual no hay salida. En 20:15, todos aquellos cuyos nombres no están en el libro de la vida también son lanzados al lago de fuego. ¿Cuántos serán? No se nos dice. Lo que es importante para los cristianos que reciben la visión de Juan es que el mal terminará, que será completa y definitivamente destruido.

Ahora que el mal ha pasado, ha llegado el momento de la nueva creación.

# CAPÍTULO XI

## El futuro glorioso:
## Apocalipsis 21:1–22:21

### La nueva creación: Apocalipsis 21:1-4

¹Entonces vi un cielo nuevo y una tierra nueva, porque el primer cielo y la primera tierra habían pasado y el mar ya no existía más. ²Y yo, Juan, vi la santa ciudad, la nueva Jerusalén, descender del cielo, de parte de Dios, ataviada como una esposa hermoseada para su esposo. ³Y oí una gran voz del cielo, que decía: «El tabernáculo de Dios está ahora con los hombres. Él morará con ellos, ellos serán su pueblo y Dios mismo estará con ellos como su Dios. ⁴Enjugará Dios toda lágrima de los ojos de ellos, y ya no habrá más muerte, ni habrá más llanto ni clamor ni dolor, porque las primeras cosas ya pasaron».

Toda la destrucción que se ha descrito y mencionado –el juicio final, así como el fin tanto de la tierra como del cielo– tiene el propósito de abrir el camino para lo nuevo. Juan ha recibido ya un atisbo de lo que ha de venir cuando se le dijo lo de las fiestas de boda del Cordero (19:6-9). Ahora ve este nuevo cielo y esta nueva tierra (21:1). No habrá mar en esta nueva tierra, puesto que el mar se consideraba lugar y símbolo de peligro. Para quien estaba exiliado en una isla, como Juan, el mar sería también símbolo de distanciamiento de otras personas.

Por lo general, los cristianos parecen pensar que lo que la Biblia dice acerca del fin de la historia es que la tierra dejará de existir y los redimidos entrarán entonces a un cielo como el que existe ya. Pero esta realidad se basa sobre una visión del valor de la tierra que no es bíblica. Lo que aquí se nos dice difiere de eso en dos maneras. En primer lugar, el cielo mismo es nuevo. En segundo lugar, hay también una nueva tierra, que será habitación de los redimidos. En 2 Pedro 3:13 se presenta algo parecido. Parte de la esperanza escatológica de Israel, es decir, de lo que se esperaba al fin de la historia, era precisamente una nueva tierra. Esto puede verse en Isaías 11:1-9 y 6:17-25 y en Ezequiel 40–48, donde se presenta la visión de un nuevo templo. En todos estos casos la esperanza futura tiene una dimensión terrena. Pablo incluye una expectativa semejante de una tierra renovada en Romanos 8:19-23.

La nueva tierra incluye la Jerusalén celestial, la ciudad amada, que desciende del cielo a la tierra. A fin de entender el profundo significado de todas estas imágenes, debemos recordar que cuando Juan estaba escribiendo, la antigua Jerusalén había sido destruida por los ejércitos romanos. Luego, no está hablando de una nueva Jerusalén que tomará el lugar de la que ha caído, sino de una verdaderamente *nueva* Jerusalén que será a la vez restauración de la antigua ciudad y algo infinitamente mayor y mejor.

El imaginario es complejo, puesto que se nos dice que la ciudad viene vestida como una novia que se prepara para sus bodas. Esta combinación de la imagen de la Ciudad Santa con la de una mujer vestida con ropas festivas se encuentra también en Isaías 52:1 y 61:10. Los habitantes de la ciudad son los fieles. Ellos son la esposa de Cristo, quien es el Cordero. Así como la gran ramera representaba a Babilonia/Roma, la ciudad del mal, así también la esposa representa a la Jerusalén celestial, la Ciudad Santa. La culminación de esta unión es el pacto o alianza entre Dios y el pueblo fiel que tiene lugar precisamente en las bodas.

Tampoco hay ya una gran distancia entre la tierra y el cielo. No se trata tanto de que los redimidos vayan al cielo, sino más bien de que Dios viene a estar con nosotros, a ser parte de la nueva Jerusalén. En la encarnación de Dios en Cristo, Dios se hizo humano como el resto de la humanidad, pero no se reveló como tal abiertamente. Ahora, en esta nueva creación, Dios no estará escondido, sino que se presentará ante la humanidad redimida de una manera directa.

El mal y el pecado han causado grandes sufrimientos en el mundo. En la historia de la caída en Génesis 3, la muerte, el dolor y el sufrimiento son resultado de la entrada en escena del pecado. En la visión de Juan, una vez que el pecado y el mal han sido completamente vencidos, esas consecuencias también desaparecerán. Es Dios quien ha vencido sobre el pecado, y es por lo tanto Dios quien enjugará toda lágrima de los ojos de quienes han sufrido y se han dolido (21:4). Esas palabras se hacen eco de lo que dijo el anciano cuando se abrió el sexto sello (7:17), así como de la antigua profecía de Isaías (Is 25:8). La nueva creación no queda ya bajo la sombra de la muerte. Es vida eterna. La vieja vida ha pasado.

## *La división entre los fieles y los infieles: Apocalipsis 21:5-8*

[5]El que estaba sentado en el trono dijo: «Yo hago nuevas todas las cosas». Me dijo: «Escribe, porque estas palabras son fieles y

verdaderas». ⁶Y me dijo: «Hecho está. Yo soy el Alfa y la Omega, el principio y el fin. Al que tiene sed, le daré gratuitamente
de la fuente del agua de vida. ⁷El vencedor heredará todas las
cosas, y yo seré su Dios y él será mi hijo. ⁸Pero los cobardes e incrédulos, los abominables y homicidas, los fornicarios y hechi-
ceros, los idólatras y todos los mentirosos tendrán su parte en
el lago que arde con fuego y azufre, que es la muerte segunda».

No es solamente lo viejo lo que ha pasado. Una nueva creación
ha tenido lugar. Dios ha creado un nuevo cielo y una nueva
tierra. Todo eso es todavía una visión, un atisbo del futuro,
pero Juan ve todo esto como si estuviera teniendo lugar ante
sus propios ojos. Dios le habla directamente a Juan, diciéndole que escriba lo que se le ha dicho. Las palabras que aquí
se pronuncian desde el trono son semejantes a las del que era
«semejante al Hijo del hombre» en 1:12. La obra de redención
está completa. Las palabras «Hecho está» repiten lo que dijo
antes el séptimo ángel al derramar la última de las copas de
ira (16:17). El mal ha sido derrotado, y el camino ha quedado
abierto para un nuevo cielo y una nueva tierra.

La frase «el Alpha y la Omega» no aparece en otros lugares
en toda Biblia, sino solamente aquí y en Apocalipsis en 1:8,
donde se distingue a Dios con esa frase. En 1:17 el que se
asemeja al Hijo del hombre se describe a sí mismo de manera
semejante. Lo que es importante en esta frase, particularmente tal como se usa en 21:6, es que toda la obra de creación y
redención, desde el principio hasta el fin, es obra de Dios bajo
la divina providencia. Dios estaba al principio, y Dios estará
al final. No es otro Dios quien ha determinado el curso de
la historia. Desde los mismos inicios, los propósitos de Dios
incluían este nuevo cielo y esta nueva tierra. Nada, ni siquiera
las fuerzas del mal, y del pecado y la muerte que son sus consecuencias, ha estado completamente fuera de la providencia divina. El combate entre Dios y el mal siempre ha sido desigual.

Dios promete darles agua a los sedientos. No será agua común, sino más bien la que corre «de la fuente del agua de vida». Esta imagen es paralela a la que se emplea en el Evangelio de Juan en el diálogo entre Jesús y la samaritana junto al pozo (Jn 4:14-15). En ambos casos, el agua es símbolo de la vida eterna. La vida eterna es la herencia prometida a quienes permanezcan fieles. Con estas palabras, que son en realidad una llamada a la fidelidad, tanto Juan como sus lectores vuelven a las realidades de la vieja tierra, a la historia en que la iglesia todavía sufre y el mal no ha sido destruido. Quienes resulten vencedores, quienes permanezcan fieles a través de estos tiempos difíciles, serán hijos de Dios y podrán vivir en la ciudad de Dios.

Hay muchas tentaciones que llaman a la falta de fidelidad. La lista de actitudes pecaminosas es interesante en parte porque refleja los problemas que Juan veía en las iglesias de su tiempo (21:8). Quienes no pueden entrar a la ciudad de Dios son los cobardes, que no se mantienen firmes en el evangelio en medio de la persecución. Se condena a quienes son incrédulos, quienes deciden que el evangelio no es verdad. Los abominables son probablemente quienes se han contaminado al colaborar con la bestia, quienes han tratado de salvar sus propias vidas sometiéndose a las demandas de los poderes del mal que dominan la tierra hasta el día de la victoria final. Todas esas personas que no han sido fieles, que siguen vidas que no proclaman que Jesús es el Señor, sufrirán la segunda muerte y por lo tanto no tendrán lugar en la herencia de los santos, que es la Ciudad Santa.

## La nueva Jerusalén: Apocalipsis 21:9-21

⁹Entonces vino a mí uno de los siete ángeles que tenían las siete copas llenas de las siete plagas postreras y habló conmigo, diciendo: «Ven acá, te mostraré la desposada, la esposa del Cordero».

[10]Me llevó en el Espíritu a un monte grande y alto y me mostró la gran ciudad, la santa Jerusalén, que descendía del cielo de parte de Dios. [11]Tenía la gloria de Dios y su fulgor era semejante al de una piedra preciosísima, como piedra de jaspe, diáfana como el cristal. [12]Tenía un muro grande y alto, con doce puertas, y en las puertas doce ángeles, y nombres inscritos, que son los de las doce tribus de los hijos de Israel. [13]Tres puertas al oriente, tres puertas al norte, tres puertas al sur, tres puertas al occidente. [14]El muro de la ciudad tenía doce cimientos y sobre ellos los doce nombres de los doce apóstoles del Cordero.

[15]El que hablaba conmigo tenía una caña de medir, de oro, para medir la ciudad, sus puertas y su muro. [16]La ciudad se halla establecida como un cuadrado: su longitud es igual a su anchura. Con la caña midió la ciudad: doce mil estadios. La longitud, la altura y la anchura de ella son iguales. [17]Y midió su muro: ciento cuarenta y cuatro codos, según medida de hombre, la cual era la del ángel. [18]El material de su muro era de jaspe, pero la ciudad era de oro puro, semejante al vidrio limpio. [19]Los cimientos del muro de la ciudad estaban adornados con toda clase de piedras preciosas. El primer cimiento era de jaspe, el segundo de zafiro, el tercero de ágata, el cuarto de esmeralda, [20]el quinto de ónice, el sexto de cornalina, el séptimo de crisólito, el octavo de berilo, el noveno de topacio, el décimo de crisoprasa, el undécimo de jacinto y el duodécimo de amatista. [21]Las doce puertas eran doce perlas; cada una de las puertas era una perla. Y la calle de la ciudad era de oro puro, como vidrio transparente.

Es importante señalar que el ángel que ahora se dirigía a Juan para mostrarle la esposa del Cordero es el mismo ángel que antes le hizo ver a la gran ramera (17:1). El contraste entre las dos visiones resulta claro. De igual manera que hubo una descripción bastante completa de la gran ramera y de la bestia que la acompañaba, así también ahora hay una descripción bastante detallada de esta ciudad que es la esposa del Cordero. La descripción refleja la visión de Ezequiel del nuevo templo (Ez 3:2). En la visión de Juan, la presencia de la gloria de Dios se manifiesta en un fulgor que «era semejante al de una piedra preciosísima, como piedra de jaspe, diáfana como el cristal».

El número 12 tiene un lugar importante en toda esta descripción. Hay 12 puertas en el muro, tres en dirección a cada uno de los puntos cardinales, y llevan los nombres de las tribus de Israel. Hay también 12 cimientos que llevan los nombres de los 12 apóstoles. Esto deja clara la relación entre la iglesia e Israel: entre ambas hay continuidad. Esto vino a ser un punto importante en la vida de la iglesia desde tiempos de Juan. ¿Había Dios rechazado completamente a Israel y decidido crear un nuevo pueblo, una nueva redención sin relación alguna con Israel? La respuesta de Juan está clara. El evangelio cristiano tiene un lugar integral junto a las promesas que se dieron a Israel y junto a la obra de Dios en Israel. La Ciudad Santa se relaciona tanto con las 12 tribus como con los 12 apóstoles.

Si tomamos literalmente las dimensiones de la ciudad, resultan sorprendentes. La ciudad se describe en forma de cubo, y tiene casi 3000 km, no solamente de ancho y largo, sino también de alto. Nos resulta imposible concebir una ciudad de tales dimensiones. ¿Tendrán los edificios 3000 km de alto? Obviamente, se trata de una descripción simbólica y poética, que indica que la ciudad tiene lugar para una enorme multitud. Lo que sí está claro es que la imagen (la ciudad) es también una realidad social y corporativa, y no solamente una serie de individuos aislados, cada uno de ellos en relación privada con Dios.

En contraste con el inmenso tamaño de la ciudad, las murallas parecen ser minúsculas, pues alcanzan poco más de 70 m. Cabe además preguntarse para qué necesita murallas la Ciudad Santa. Aparentemente se trata más de una línea de demarcación que de un instrumento de defensa, como era el propósito tradicional de las murallas de una ciudad. La Jerusalén celestial no tienen necesidad de defensas, puesto que tampoco tiene enemigos. La descripción de la ciudad incluye múltiples referencias al oro y a las joyas y piedras preciosas. La ciudad es hermosa y preciosa mucho más de lo que podemos imaginar. Pero el tema que domina todo el cuadro es la luz, la luminosidad, la gloria que hay en la ciudad debido a la presencia de Dios en medio de ella. La ciudad misma está hecha de oro, pero de un oro tan puro que es «semejante al vidrio limpio» (¿transparente?).

## La ciudad sin templo: Apocalipsis 21:22-27

[22]En ella no vi templo, porque el Señor Dios Todopoderoso es su templo, y el Cordero. [23]La ciudad no tiene necesidad de sol ni de luna que brille en ella, porque la gloria de Dios la ilumina y el Cordero es su lumbrera. [24]Las naciones que hayan sido salvas andarán a la luz de ella y los reyes de la tierra traerán su gloria y su honor a ella. [25]Sus puertas nunca serán cerradas de día, pues allí no habrá noche. [26]Llevarán a ella la gloria y el honor de las naciones. [27]No entrará en ella ninguna cosa impura o que haga abominación y mentira, sino solamente los que están inscritos en el libro de la vida del Cordero.

La novedad radical de esta ciudad de Dios se ve en 21:22-23. La ciudad no tiene templo. El Templo en Jerusalén había sido el lugar en que Dios había prometido estar entre su pueblo. Israel sabía que Dios no puede ser contenido en ninguna creación humana, pero en su oración de consagración para el primer Templo (1 R 8:29) Salomón le pidió a Dios «que tus ojos estén abiertos de noche y de día sobre esta Casa, sobre este lugar del cual has dicho: 'Mi nombre estará allí'». El Templo era el lugar en el que se aseguraba la presencia de Dios. En una visión, Ezequiel vio la nube de gloria abandonar el Templo (Ez 10:18-19; 11:23) en señal de que la presencia de Dios había partido de la ciudad y del Templo antes de que fuera destruido. La visión que Ezequiel tiene de la restauración incluye también un nuevo templo. Pero la visión de Juan no lo incluye. Donde Dios está directamente presente, no hace falta templo.

Lo que es más, la presencia de Dios es tal que no hace falta otra luz, ni sol por el día, ni luna por la noche (21:23). El antiguo cielo que contenía al sol y la luna podía ser destruido porque ya no era necesario. La gloria inmediata de Dios y del Cordero es la lámpara que sirve de fuente de luz para la nueva ciudad. Esto es otro modo de expresar lo que se dice en 21:3: Dios morará en esta nueva ciudad.

Las puertas de la ciudad nunca se cierran. Eso se entiende tanto porque ya no es necesaria la defensa como porque no hay noche, que era el tiempo cuando normalmente se cerraban las puertas de las ciudades. No hay noche porque la luz de la ciudad es la gloria de Dios, y Dios no deja jamás a la Ciudad Santa.

La Ciudad Santa no es lo único que se dice de esta nueva tierra. También habrá allí otras naciones, pero todas mirarán hacia Jerusalén para traerle su gloria. No está claro quiénes son estas otras naciones. Ya las naciones malvadas han sido destruidas, como vimos en otras visiones. Pero al menos algunos miembros de otras naciones vivirán, porque su nombre está escrito en el libro de vida del Cordero.

Puesto que ahora toda la ciudad ha venido a tomar el lugar del Templo, la ciudad misma es como un templo para el resto de la tierra. La población de la ciudad es el pueblo sacerdotal que sirve a toda tierra. ¿Quién más puede haber en la tierra que no esté en la ciudad? La respuesta no está clara. Quizá la redención de las naciones −al menos de aquellos cuyos nombres están escritos en el libro de la vida– sea un proceso que no termina con la creación de la nueva tierra. Pero todo eso son especulaciones. Lo que queda claro es que nada malo, nada impuro podrá contaminar o corromper a la nueva Jerusalén.

## Comida y bebida para verdadera vida: Apocalipsis 22:1-5

[1]Después me mostró un río limpio, de agua de vida, resplandeciente como cristal, que fluía del trono de Dios y del Cordero. [2]En medio de la calle de la ciudad y a uno y otro lado del río estaba el árbol de la vida, que produce doce frutos, dando cada mes su fruto; y las hojas del árbol eran para la sanidad de las naciones. [3]Y no habrá más maldición. El trono de Dios y del Cordero estará en ella, sus siervos lo servirán, [4]verán su rostro y su nombre estará en sus frentes. [5]Allí no habrá más noche; y no tienen necesidad de luz de lámpara ni de luz del sol, porque Dios el Señor los iluminará y reinarán por los siglos de los siglos.

El agua de vida que se promete en 21:6 ahora se presenta como un río que fluye desde el trono de Dios y del Cordero, de manera semejante a como en la visión de Ezequiel el río que sanaba a toda la tierra fluía desde el nuevo templo (Ez 47:1-12). Tanto en la visión de Ezequiel como en la de Juan el imaginario se basa en la descripción del Edén en Génesis 2:9-10, aunque en esos versículos la palabra «vida» se relaciona con el árbol más bien que con el agua y los ríos que corren por el Edén. En Apocalipsis 22:2, el árbol de la vida está a ambos lados del río de la vida, de cuya agua se nutre.

El último capítulo del Apocalipsis nos lleva de nuevo al modo en que se describe la creación antes de la caída. Pero no es exactamente lo mismo. La redención del mundo no es sencillamente volver a la creación original. El Edén no era una ciudad de 3000 km en cada dirección. Entre un momento y el otro está toda la historia humana, que incluye el desarrollo de la civilización, el enorme aumento de la población, la creación de ciudades, y todos los conflictos de las sociedades humanas. Es por esto que Juan ve el futuro como una gran ciudad, y no ya como un tranquilo huerto como el Edén.

El río y el árbol de vida están ahora en medio de la Ciudad Santa (22:2). Las hojas del árbol sirven para sanidad de todas las naciones. Una vez más hallamos una referencia a la vida humana fuera de los confines de la ciudad, donde están las naciones que serán sanadas por las hojas del árbol de vida. Este árbol produce un fruto diferente cada mes del año y de ese modo les da vida constante a quienes comen de él. La vida en la nueva Jerusalén tiene características semejantes a las de nuestra vida terrena. Se nutre de frutas, y hay distintas estaciones del año.

El cuadro que se pintó antes se repite. Nada malo habrá en esta Ciudad Santa. En el centro estarán el trono de Dios y el Cordero, unidos en la tarea redentora. Los siervos de Dios y del Cordero adorarán a Dios cara a cara, lo cual subraya la proximidad, la presencia directa de Dios. Los redimidos llevarán el nombre de Dios y del Cordero, así como los condenados llevan el sello de la bestia. Nótese que Dios y el Cordero están juntos en el trono y juntos reciben adoración.

## Palabras de autoridad: Apocalipsis 22:6-16

[6]Me dijo: «Estas palabras son fieles y verdaderas». El Señor, el Dios de los espíritus de los profetas, ha enviado su ángel para mostrar a sus siervos las cosas que deben suceder pronto.

[7]«¡Vengo pronto! Bienaventurado el que guarda las palabras de la profecía de este libro».

<sup>8</sup>Yo, Juan, soy el que oyó y vio estas cosas. Después que las hube oído y visto, me postré a los pies del ángel que me mostraba estas cosas, para adorarlo. <sup>9</sup>Pero él me dijo: «¡Mira, no lo hagas!, pues yo soy consiervo tuyo, de tus hermanos los profetas y de los que guardan las palabras de este libro. ¡Adora a Dios!».

<sup>10</sup>Y me dijo: «No selles las palabras de la profecía de este libro, porque el tiempo está cerca. <sup>11</sup>El que es injusto, sea injusto todavía; el que es impuro, sea impuro todavía; el que es justo, practique la justicia todavía, y el que es santo, santifíquese más todavía».

<sup>12</sup>«¡Vengo pronto!, y mi galardón conmigo, para recompensar a cada uno según sea su obra. <sup>13</sup>Yo soy el Alfa y la Omega, el principio y el fin, el primero y el último».

<sup>14</sup>«Bienaventurados los que lavan sus ropas para tener derecho al árbol de la vida y para entrar por las puertas en la ciudad». <sup>15</sup>Pero los perros estarán afuera, y los hechiceros, los fornicarios, los homicidas, los idólatras y todo aquel que ama y practica la mentira.

<sup>16</sup>«Yo, Jesús, he enviado mi ángel para daros testimonio de estas cosas en las iglesias. Yo soy la raíz y el linaje de David, la estrella resplandeciente de la mañana».

Los pronombres y verbos en esa sección, tanto en castellano como en el griego original, pueden causar alguna confusión. Aparentemente, quien habla en los versículos 6 y 10 es el ángel que le ha mostrado la ciudad a Juan. Pero en los versículos 7, 12-13 y 16, quien habla es Jesucristo, el Cordero. Las palabras de Jesús anuncian el fin de los tiempos, cuando él ha de volver. Y también son palabras de bendición para quienes han sido fieles a la visión que Juan ha recibido.

Con estas palabras que vienen directamente de Jesús volvemos a una atmósfera semejante a la del principio del libro. Fue Jesús quien le ordenó a Juan que escribiera el libro y se lo mandara a las siete iglesias. Ahora la visión está completa, y Jesús bendice a quienes serán fieles a ella. A todo esto Juan añade su testimonio de que lo que ha escrito es ciertamente lo que ha visto y oído. Como en 19:10, donde el ángel le garantiza a Juan la veracidad de lo que se le ha dicho, aquí también Juan cae postrado a los pies del ángel con el propósito de adorarle. Pero el ángel le reprende, diciéndole que solo Dios es digno de adoración. Tanto el ángel como Juan son sencillamente siervos de Dios, junto a todos los profetas y a los fieles. La respuesta de Juan muestra la enorme autoridad que le daba a la Palabra de Dios, pero al mismo tiempo muestra que la autoridad de esa Palabra no se le ha de transferir al mensajero que la proclama.

Es el ángel quien le dice a Juan que no selle el libro que ha escrito (22:10). Esto difiere de las visiones de Daniel, a quien se le ordena que selle lo que ha escrito, porque todavía no ha llegado el momento en que tendrán lugar los acontecimientos que se describen en aquella visión (Dn 8:26). También esto contrasta con la primera parte de la visión de Juan, donde aparece un libro sellado con siete sellos que solamente pueden ser abiertos por el Cordero (5:1-9). Aquel otro libro contenía la meta de la creación de Dios y el proceso mediante el cual esa meta se lograría a través de la historia. Esa meta había estado allí desde todos los tiempos, pero solamente el Cordero que fue inmolado tenía el poder para abrir el libro sellado tras haber completado su obra redentora en la cruz.

La visión de Juan se refiere a tiempos futuros, pero al mismo tiempo su mensaje se dirige claramente a los creyentes de su propio tiempo, llamándoles a permanecer fieles. Ese mensaje no tiene que sellarse. Su hora ha llegado, y es en esa hora que se recibe la visión de esperanza.

Juan sabe que lo que se ha mostrado en su visión es parte de lo que él mismo y su iglesia están viviendo. Por lo tanto, es un momento de decisión para todos. Quienes son malos seguirán siendo malos. Parecería que no se les castiga por su pecaminosidad. Lo que es más, en base a lo que se dijo antes acerca de Babilonia, los malvados prosperarán durante los días inmediatos. Quienes son santos han de seguir siéndolo, aun cuando esto les acarree problemas. El fin no ha venido todavía. Hasta el día de hoy Babilonia sigue siendo la condición bajo la cual vive toda tierra. Pero Juan nos ha dado un atisbo de lo que está por delante, de lo que ahora mismo se está preparando entre bastidores. El tiempo se acerca cuando la visión se volverá realidad. Pero en todo caso el presente es el momento para la fidelidad.

La llamada a la fidelidad se reafirma con las palabras de Jesús declarando que vendrá pronto. Por lo que hemos dicho respecto al problema de los pronombres y verbos, no está claro si todo este pasaje ha de entenderse como palabras de Jesús, o en parte como palabras de Jesús y en parte como palabras del ángel. Pero en todo caso el sentido es el mismo.

Al acercarse el fin del libro, las palabras de Jesús vienen a ser o bien bendición o bien condenación para los lectores futuros. Quienes son fieles podrán entrar a la ciudad de Dios y allí comer del árbol de vida, que les dará vida eterna. Los que no lo son permanecerán fuera de la ciudad y no recibirán su bendita herencia (22:14-15). Las palabras de Jesús reiteran las del ángel que ha guiado a Juan a través de toda la visión (22:6). El ángel ha sido enviado por Jesús. Quien necesita una palabra adicional de autoridad no es Juan, sino sus lectores, quienes tienen que estar seguros de que se trata de un mensaje de Jesús.

## De vuelta al contexto litúrgico: Apocalipsis 22:17-21

[17]El Espíritu y la Esposa dicen: «¡Ven!». El que oye, diga: «¡Ven!». Y el que tiene sed, venga. El que quiera, tome gratuitamente del agua de la vida.

[18]Yo advierto a todo aquel que oye las palabras de la profecía de este libro: Si alguno añade a estas cosas, Dios traerá sobre él las plagas que están escritas en este libro. [19]Y si alguno quita de las palabras del libro de esta profecía, Dios quitará su parte del libro de la vida y de la santa ciudad y de las cosas que están escritas en este libro.

[20]El que da testimonio de estas cosas dice: «Ciertamente vengo en breve».

¡Amén! ¡Ven, Señor Jesús!

[21]La gracia de nuestro Señor Jesucristo sea con todos vosotros. Amén.

Estas últimas palabras del Apocalipsis no son solo el fin, sino también un comienzo. Aquí hay una invitación que viene del Espíritu y de la Esposa. Se invita a los lectores a venir a las aguas de vida. Los últimos versículos muestran claramente que esa invitación es también, o al menos incluye, una invitación a la mesa del Señor, es decir, a la comunión.

Estos últimos versículos incluyen palabras que se encuentran también en otros documentos antiguos, pues se empleaban al comienzo de la comunión: «¡Ven, Señor Jesús!». Se encuentran por ejemplo en la *Didajé*, un documento que bien puede ser de tiempos del mismo Juan y que trata sobre el culto cristiano. Pablo también termina su primera carta a los corintios con las mismas palabras (1 Cor 16:22). Tanto Pablo como la *Didajé* usan la expresión aramea «Maranatha», que el Apocalipsis traduce al griego. En ambos casos, el uso de esa frase indica que el propósito de la carta de Pablo y también del Apocalipsis era que se leyeran en el servicio de adoración, como parte del culto de comunión.

La visión de Juan no fue escrita para que circulara privadamente de creyente en creyente, y cada cual la leyera por su cuenta. Era un mensaje a las iglesias, y se esperaba que se leyera ante la comunidad reunida. El lugar que tenía en el servicio mismo se ve por las palabras con que termina. El libro era un mensaje a las congregaciones que llevaba la autoridad no solamente de Juan, sino también tras él la del Señor. Recordemos que la visión de Juan tuvo lugar en el día del Señor (1:10). Separado de su iglesia, Juan sigue cumpliendo su función de profeta o predicador en la congregación. Lo hace por escrito cuando no está allí en persona. También las palabras de bendición y condenación en 22:14-15 se pueden entender dentro de ese contexto, pues eran las advertencias que se les hacían a las congregaciones antes de recibir el sacramento.

La congregación de fieles reunida en la mesa del Señor clama a ese mismo Señor pidiendo que esté presente con ellos, y también que vuelva al momento final del reino prometido, lo que en el Apocalipsis es la ciudad prometida. Al llegar el fin y cumplirse la promesa, en la Ciudad Santa, los fieles comerán del árbol de la vida y beberán del agua de vida. Aquí ahora los fieles se reúnen a la mesa para recibir el sacramento como anuncio y ejemplo de ese otro comer y beber en el día eterno. Gracias a la mesa del Señor, los fieles se nutren como esposa del Cordero, y se preparan para el gran banquete que ha de venir. La bendición que aparece en 22:21 es también parte del modo tradicional en que se abría el servicio de comunión.

Entre la invitación (22:17) y la conclusión (22:20-21) está la advertencia final de tomar en serio lo que Juan ha escrito. ¿Quién es este «yo» que pronuncia esta advertencia (22:18-19)? Lo más probable es que sea el propio Juan. En todo caso, esto es paralelo a la advertencia que Jesús hace en 22:14-15, aunque en esas palabras anteriores la advertencia tiene que ver con quienes no han lavado sus ropas más bien que con quienes se atreven a cambiar las palabras del libro.

Juan ha cumplido su tarea. Ha hecho constar lo que ha visto y oído en su visión. Sus palabras han sido refrendadas tanto por el ángel como por el propio Jesús. Ahora son quienes reciben el libro quienes han de determinar si han de seguirlo o no. Las palabras que este libro dice son tan fuertes y difíciles que habrá algunos tentados a suavizarlas o cambiarlas, de modo que los lectores puedan llegar a acuerdos y componendas con los poderes existentes. Pero Juan insiste en que, por difíciles que sean, estas palabras han de permanecer. Quien trate de cambiarlas sencillamente estará mostrando que no es verdadero creyente, y por tanto sufrirá las consecuencias que el libro describe.

Ahora que llegamos al final, cabe preguntarnos si el mensaje de Juan es positivo o negativo. La respuesta depende de quién lo lea. Para los fieles, es un mensaje de esperanza y aliento. Presenta la visión de la Ciudad Santa que será su recompensa, y por lo tanto les da fuerza para continuar por un camino difícil. Para quienes vacilan, el mensaje de Juan presenta una decisión difícil pero definitiva: la fidelidad o la condenación. No hay camino intermedio; no hay entendimiento alguno con las estructuras del mal que dominan la vida terrena. Para tales personas, esto bien puede ser un mensaje aterrador, puesto que muestra que para los fieles la vida, en lugar de volverse más fácil, será más difícil.

Para quienes verdaderamente desean permanecer fieles, los últimos versículos del libro apuntan a la realidad de la presencia de Cristo entre ellos ahora mismo, mediante el culto y el sacramento. Tanto la promesa como la advertencia han sido hechas, y están ante todos. Le corresponde ahora al lector, a quien escucha o lee la visión de Juan, decidir cómo responderá a la invitación.